# 겨울에 가장 잘 자라는 은혜

고통 속에서 은혜를 누리다

리곤 던컨 · 니콜라스 리드 지음

권혜아 옮김

개혁주의신학사

Presbyterian and Reformed Publishing

P&R(Presbyterian and Reformed Publishing Company)은
미국 뉴저지 주에 소재한 기독교 출판사로서
웨스트민스터 신앙고백서와 요리문답에 기초하여
성경적인 이해와 경건한 삶을 증진시키는
탁월한 도서들을 출판하고 있습니다.
P&R Korea(개혁주의신학사)는
CLC가 공동으로 운영하는 출판사로서
미국 P&R의 도서를 우선적으로 번역출판하고 있습니다.

# Does Grace Grow Best in Winter?

Written by
Ligon Duncan
J. Nicholas Reid

Translated by
Hae-Ah Kwan

Copyright © 2009 by Ligon Duncan and J. Nicholas Reid
Originally published in English under the title as
*Does Grace Grow Best in Winter?*
by Ligon Duncan and J. Nicholas Reid

Translated and used by the permission of
P&R Publishing Company, P. O. Box 817
Phillipsburg, New Jersey 08865-0817, U. S. A.

All rights reserved.

Korean Edition
Copyright © 2013 by Presbyterian and Reformed Publishing Company
Seoul, Korea

# Reference
## 추천사

**이강택** 박사
국제신학대학원대학교 신약학 교수

> 우리가 환난 중에도 즐거워하나니 이는 환난은 인내를, 인내는 연단을, 연단은 소망을 이루는 줄 앎이로다(롬 5:3-4).

고통은 실재하며 이 세상에 무시해도 되는 고통은 존재하지 않는다. 오늘날 점점 더 많은 사람들이 고통의 문제에 대하여 주목하고 있지만 그 해답은 늘 천편일률적이다. 안타까운 것은 그리스도인들조차 고통에 대하여 잘못된 생각을 가지고 있다는 것이다.

많은 그리스도인들이 신앙과 고통의 문제를 연결하지 못해 하나님을 향하여 회의를 품는다.

리곤 던컨과 니콜라스 리드가 쓴 『겨울에 가장 잘 자라는 은혜』는 성도들과 함께 고통의 문제를 겪으면서 얻은 통찰력을 바탕으로 고통을 허용하시는 하나님의 뜻을 밝혀준다.

저자인 리곤 던컨과 니콜라스 리드는 미시시피 잭슨(Jackson)에 위치한 유서 깊은 제1장로교회(First Presbyterian Church)를 함께 섬기며 동역하는 목회자들이다. 그들은 개혁주의신학의 기치 아래 깊은 신학적 지식을 가졌으면서도 이론적인 설명에 그치는 것이 아니라 오랜 목회를 바탕으로 실제적인 적용을 놓치지 않는다. 개혁주의 진영의 대표적인 두 저자의 신학과 신앙이 잘 드러나 있는 이 책을 통하여 고통 속에서 신음하며 괴로워하는 그리스도인들이 위로받기를 간절히 바란다. 이 책을 환난과 시련 속에서도 하나님의 은혜를 누릴 수 있음을 확신하기에 추천한다.

# Preface
# 역자서문

**권혜아**
전문번역가

    오늘날 많은 사람들이 "힐링"을 외치는 이유는 아마도 고통이 실제적이고 다루기 힘든 주제이기 때문일 것이다. 신앙생활을 하는 그리스도인이라면 누구나 한 번쯤은 고통과 시련 속에서 하나님에 대하여 회의를 품은 적이 있을 것이다. 그만큼 고통의 문제와 신앙을 연결하는 것은 쉽지 않다.

    저자인 리곤 던컨과 니콜라스 리드는 고통에 관한 성경의 깊은 내용을 다루면서도 누구나 쉽게 읽을 수 있도록 적절한 예화와 해설을 잊지 않았다. 또한 고통의 문제를 깊은 신학적 통찰력과 실제적인 목회경험을 바탕으로 조화롭게 다루었다. 명망 있는 두 목회자가 쓴 이 책을 통하여 많은 그리스도인들이 신앙적으로, 현실적으로 큰 유익을 얻으리라 기대한다.

이 책을 통하여 고통과 시련 속에 있는 그리스도인들이 하나님의 은혜를 되새기고 그 안에서 소망을 품기를 간절히 기도한다.

이 책을 추천해 주신 이강택 박사님께 감사드리며 P&R 힐링 시리즈로 출간된 것을 기쁘게 생각한다.

# Preface
## 서문

**니콜라스 리드** 목사
미시시피 잭슨 제1장로교회 부목사

　자동차 사고로 목숨을 잃은 한 친구의 장례식에 참석했을 때였다. 예배가 시작되기 전, 사회를 보는 목사님이 문상객들에게 거들먹거리며 이렇게 말하는 것을 들었다.

　"장례식은 즐거운 행사이기도 하죠."

　그 목사는 내 친구를 전혀 알지도 못하는 사람이었다. 어떻게 보면 그 목사의 말은 맞는 말이다. 성도가 세상을 떠나 주님 곁으로 가게 되었으니 기뻐할 만한 일인 것이다. 하지만 슬픔과 비통함을 그리스도인이 느끼면 안되는 저급한 감정이라고 여기는 데에는 분명 문제가 있다.

이것은 성경이 고통을 다루는 방식이 아니다. 성경은 일관되게 고통의 문제를 진지하게 다루며 고통을 겪는 영혼에게 복음을 통한 치유와 위로를 전해 준다.

많은 그리스도인들이 고통을 잘못된 방식으로 다루고 있다. 그들은 시련 중에도 그저 행복한 표정을 지으려고 애쓴다. 하지만 개인적인 작은 고통조차도 쉽게 사라지는 법은 없으며 경솔한 충고는 결국 아무런 도움이 되지 않는다.

고통의 문제를 지나치게 냉정하고 엄격하게 다루어서는 안된다. 고통은 실재하며 이 세상에 무시해도 되는 고통은 존재하지 않는다.

또한 고통을 성경의 객관적인 진리에 초점을 맞추지 않고 주관적인 방식으로만 다루어서도 안된다. 개인적이고 주관적인 방식으로만 고통을 다룬다면 세상은 온통 절망의 이유로 가득차게 될 것이다.

『겨울에 가장 잘 자라는 은혜』는 고통의 어려움을 인식하도록 할 뿐만 아니라 시련의 한 가운데서도 하나님의 구원과 선한 역사를 바라보게 한다. 그리고 파도가 일렁이는 고통의 바다를 항해하면서 성경의 방식대로 고통의 문제를 다룬다.

우리는 이 책을 쓰는 동안 많은 사람들의 도움을 받았다. 그들에게 감사를 전하고 싶다. 이 책의 초안을 읽어주고 도움이 될 만한 조언을 해 준 가이 워터스 박사(Dr. Guy Waters)에게 감사한다. 또한 원고를 읽어준 위지 포크(Weezie Polk)와 셜리 윈드햄(Shirley Windham) 그리고 "더 생각해 보기" 문제를 만들어 준 도나 답스(Donna Dobbs)에게 감사한다. 미시시피 잭슨(Jackson)의 제1장로교회(First Presbyterian Church)의 성도들에게도 감사한다. 교회의 소그룹에서 리곤 던컨은 이 책의 내용을 강의 형태로 전할 수 있었다.

Does Grace Grow Best in Winter?

· C·O·N·T·E·N·T·S ·

| | |
|---|---|
| 추천사 (이강택 박사, 국제신학대학원대학교 신약학 교수) | 5 |
| 역자서문 | 7 |
| 서문 | 9 |
| 1장_ 왜 저인가요? | 15 |
| 2장_ 하나님의 목적은 무엇인가? | 47 |
| 3장_ 어떻게 고통으로부터 유익을 얻을 수 있는가? | 75 |
| 4장_ 예수님의 고통에 대해 어떻게 생각할 것인가? | 111 |

Does Grace Grow Best in Winter?

# chapter 1

## 왜 저인가요?

　이 책은 고통에 대한 책이다. 우리는 특히 지혜와 사랑이 풍성하신 하나님의 주권과 고통 사이의 관계에 대해 살펴볼 것이다.* 우리가 믿는 것처럼 하나님을 사랑하는 자 곧 그의 뜻대로 부르심을 입은 자들에게는 모든 것이 합력하여 선을 이룬다(롬 8:28).

---

* 1장은 대부분 존 파이퍼(John Piper)의 저작에서 많은 영향을 받았다. 여기에는 그가 2003년 4월 30일에 쓴 글 "Suffering, Mercy and Heavenly Regret", http://www.desiringgod.org/ResourceLibrary/TasteAndSee/ByDate/2003/1234_Suffering_Mercy_and_Heavenly_Regret가 포함된다.

그렇다면 어떻게 하나님은 고통을 통해 자녀들의 선을 이루시는 것일까? 하나님은 결코 자녀들에게 쓸데없는 고통을 허락하지 않으신다. 그러면 하나님이 고통을 사용하시는 방법은 무엇인가? 우리는 어떻게 고통 속에서 성장하는가? 우리는 어떻게 고통에 반응하는가?

고통이라는 절망적인 상황을 살펴보면서 이야기를 시작해 보자. 세상에는 왜 고통과 슬픔이 있는 것일까? 우리가 살고 있는 세상은 고통과 상처로 가득하다. 그리고 고통스러운 일이 끝없이 일어난다. 우리가 아주 잠깐이라도 세상 모든 사람들의 고통을 보게 된다면 너무 괴로워서 미쳐버릴지도 모른다. 세상의 모든 고통을 헤아릴 수 있는 분은 오직 하나님 한 분 뿐이시다.

오늘 하루 동안 3,000명의 아이들이 말라리아로 목숨을 잃는다. 이 죽음은 대부분 아프리카에서 발생한다. 이 한 가지 병 때문에 수많은 부모들이 자녀를 잃는 고통과 슬픔을 겪는다.

아프리카에서 에이즈로 사망하는 사람은 올 한 해 동안만 150만 명에 달한다. 매년 5,000만 명의 사람들이 각종 질병으로 인해 젊은 나이에 고통스럽게 죽음을 맞이한다. 당신이 이 책을 읽기 시작한 이후 이미 100명의 사람들이 죽었다. 속수무책으로 사랑하는 사람을 떠나보내야 하는 사람들의 고통이 어떨지 생각해 보라.

조금 더 범위를 좁혀서 우리의 가정을 살펴보자. 고통의 원인은 가족 내의 문제일 수도 있다. 당신은 늘 부모와 헤어져 있어야 했기에 힘든 시간을 보냈을지도 모른다.

"사랑해. 나는 네가 정말 자랑스러워. 너는 나의 기쁨이야."

당신은 꼭 한번 부모님으로부터 이런 말을 들어보고 싶었을 것이다. 하지만 그런 기회는 좀처럼 오지 않는다.

당신은 어느새 아이를 키우는 부모가 되어 있을 수도 있다. 그런데 아이는 자꾸만 미래에 해가 되는 위험한 선택을 하려고 한다. 당신은 부모로서 최선을 다해 아이와 대화를 나누거나 아이를 도우려고 한다. 하지만 궁극적으로 당신이 할 수 있는 것은 기도 외에는 아무것도 없다.

당신의 결혼생활에도 문제가 있을 수 있다. 당신은 이혼이라는 것을 생각해 본 적이 전혀 없었을 지도 모른다. 그런데 현실은 결국 그렇게 되고 말았다. 이런 결과에는 가끔 타당한 이유가 있기도 하지만 도저히 납득이 안되는 상황인 경우도 많다. 어쨌든 이혼의 고통은 견디기 힘든 것이다.

이처럼 우리가 겪는 고통은 우리 삶의 일부이다. 우리가 겪는 고통스러운 상황을 모두 나열하자면 아마 끝도 없을 것이다.

## 1 고통은 일어나기 마련이다

고통은 얼마든지 일어날 수 있다. 우리는 언제든 고통이 일어나리라고 예상할 수 있다. 우리가 살고 있는 이 타락한 세상에 고통스러운 일이 생기는 것은 당연한 일이기 때문이다.

기독교 교사 중에는 그리스도인에게는 고통스러운 일이 일어날 수 없다고 가르치는 사람도 있다. 하지만 성경과 우리 자신의 경험에 비추어 볼 때 고통이 타락한 인간에게 임하는 것은 아주 자연스러운 일이다. 물론 하나님이 지은 태초의 세상에는 고통이 없었을 것이다. 하지만 죄가 고통을 일깨운 지금은 세상이 고통으로 가득하다.

삶에 고통스러운 일이 일어날 수 있다는 사실을 아는 것은 중요하다. 고통은 그리스도인의 삶에 일어나서는 안된다고 주장하는 사람들이 있을 뿐만 아니라 아직까지 우리는 수많은 인류가 겪어온 고통의 극히 일부만을 경험했기 때문이다. 예를 들면, 오늘날에는 기근을 경험하는 사람이 아마도 거의 없을 것이다. 하지만 20세기까지만 해도 대부분의 사람들은 기근을 경험하며 살았다.

지금 우리가 사는 시대는 어느 정도 고통이 줄어든 시대이다. 그래서 우리는 편안하게 잠들었다가 고통스러운 일이 일어나면 소스라치게 놀라곤 한다.

고통이 나가오면 우리는 처음에는 대체로 이렇게 반응한다.

"맙소사, 이런 일은 나한테 일어날 수 없어!"

그러나 고통은 일어나기 마련이며 타락한 세상에서 지극히 당연한 일이라고 하는 나의 말이 옳다면 고통 때문에 놀라서는 안된다. 대신 고통이 찾아올 때 이렇게 말해야 한다.

"나는 너를 맞이할 준비를 하고 기다리고 있었다. 나는 네가 찾아오리라는 것을 알고 있었다. 이 타락한 세상은 너 같은 것들로 가득하기 때문이다. 나는 너를 경험할 때 하나님을 영광스럽게 하기 위해 하나님의 은혜와 말씀으로 무장해왔다."

고통이 그리스도인의 삶에 반드시 일어나기 마련인 필수적인 부분이라는 사실을 마음 깊이 새겨야 한다. 당신은 고통을 겪게 될 것이다. 이것이야말로 당신이 명심해야 할 첫 번째 사실이다. 그러면 다음과 같은 질문이 떠오를 것이다. 당신은 그리스도를 영화롭게 하는 방식으로 고통을 겪을 것인가 말 것인가?

## 2 고통을 잘 겪는 법 배우기

그리스도인은 고통을 잘 겪어야 한다. 우리는 그 방법을 성경에서 배울 수 있다. 성경이 말하는 고통을 잘 겪는 방법에 대해 살펴보도록 하자.

넬슨 제독은 나폴레옹 전쟁 중에 트라팔가 해전에

서 프랑스를 물리쳤다. 캠퍼다운 자작(The Viscount of Camperdown)은 당시 넬슨 휘하에 있던 제독 중의 한 사람이었다. 그 역시 수많은 전쟁에서 승리를 거두었다. 캠퍼다운 가문의 문장에는 돛을 활짝 펼친 배와 Disce pati라는 라틴어 두 단어가 새겨져 있었다. 이 단어의 뜻은 "고통을 배워라"이다. 이것이야말로 정확히 바울과 욥, 모세와 예수님이 타락한 세상에서 믿음의 길을 가고 있는 나와 당신에게 해줄 법한 말이다.

"고통을 배워라."

이 말의 뜻이 무엇일까? 나는 고통을 겪는 방법 다섯 가지를 제안하면서 그 뜻을 살펴보고자 한다.

1. 예수님을 크게 보라

어려운 상황에 처해 있을수록 예수님을 크게 보아야 한다. 세상의 어려움은 당신을 완전히 압도할 만큼 규모가 엄청나게 크다. 예수님을 크게 보지 않는다면 그 고통을 감당하기란 어려울 것이다. 오랜 시간 지속되는 고통과의 싸움에 맞서려면 고통보다 더 큰 무언가로 무장해야 한다. 그리고 이 세상에 예수 그리스도의 영광보다 더 큰 것은 없다. 예수님을 크게 보고자 하는 열심이야말로 고통과의 전쟁에서 이길 수 있는 가장 강력한 무기이다. 당신 눈에 뿐만 아니라 당신의 고통을 지켜보는 모든 사람들의 눈에 예수그리스도가 위대하게 보이도록 하라.

2. 예수님을 더욱 사랑하라

고통을 겪는 동안 예수님을 이전보다 더 귀하게 여겨야 한다. 고통 중에서도 아직 예수님이 당신에게 가장 소중한 존재가 아니라면 당신의 고통은 덜 무르익은 것이다. 좋고 나쁜 모든 경험은 사랑의 하나님이 우리를 위해 계획하신 것이다. 그리고 이 계획의 목적은 바로 우리가 예수님을 더 귀히 여기게 되는 것이다.

## 3. 하나님은 당신 편이시다

고통을 겪는 동안 하나님이 절대적으로 당신 편이라는 확신을 가져야 한다. 복음이 말하는 대로 예수 그리스도가 당신의 구원자이심을 믿고 있는가?

그렇다면 하나님이 당신 편이라는 절대적인 확신 속에서 고통을 인내할 수 있어야 한다. 하나님은 당신 편에 계신다. 그 어떤 일도 하나님의 의지와 상관없이 일어날 수 없다. 이러한 확신 속에서 고통을 겪는 법을 배워라.

예수님은 산상수훈에서 고통을 겪는 법에 대해 가르치셨다. 바울 역시 로마서 8장에서 그리스도인들에게 고통을 겪는 법을 가르쳤다. 베드로도 로마제국의 핍박을 앞두고 그리스도인들에게 고통을 겪는 법을 가르쳤다. 당신이 인생의 가장 어두운 시절을 지나는 중이라면 하나님이 100% 당신 편이라는 사실을 깨닫기 바란다. 하나님은 당신의 반대편에 있지 않으신다.

당신은 그리스도 예수 안에서 고통을 인내하는 데 필요한 모든 것을 갖고 있다. 그러나 진정으로 이렇게 믿는 것은 쉽지 않은 일이다. 고난과 어두운 시절을 통과하는 동안 입으로 진리를 말할 수는 있어도 믿음 안에 거하는 것은 매우 어렵다. 하지만 인생의 가장 어두운 시간을 지나고 있을지라도 이 사실을 완전히 믿는 데까지 나아가야 한다.

4. 은혜 안에 머무르라

당신은 고통을 통해 구원받는 것이 아니다. 구원은 오직 믿음을 통한 은혜로 받는 것이며 회심 전후의 나의 행동과는 별개로 주어진다는 사실을 염두하고 고통을 경험하라. 단순히 고통을 충분히 인내했다고 해서 하나님의 사랑을 더 많이 받을 수 있다고 생각하는 것은 오산이다. 이런 생각으로는 하나님의 변치 않는 사랑을 깨달을 수 없다. 또한 구원이 우리의 행위나 고통의 결과가 아니라는 사실도 깨달을 수 없다. 구원은 오직 그리스도와 그분이 우리를 위해 행하신 일에 기인한다. 극심한 고통 속에 있을지라도 이 사실을 잊지 않는 것이 매우 중요하다. 고통을 겪는 동안 마음이 무디어지고 온갖 이상한 생각이 들 수 있기 때문이다. 당신이 하나님의 구원을 받는 방법에 대해 조금이라도 의심한다면 사탄은 그것을 이용해 당신의 평안과 확신을 앗아갈 것이다.

### 5. 고통을 받아들이라

고통스러운 삶을 기쁘게 받아들이는 방법을 배워야 한다. 바울은 자신을 이렇게 묘사했다.

> 근심하는 자 같으나 항상 기뻐하고 가난한 자 같으나 많은 사람을 부요하게 하고 아무 것도 없는 자 같으나 모든 것을 가진 자로다(고후 6:10).

우리가 한 형제요 자매로서 "고통을 겪으나 기뻐하는" 자라는 사실을 선포할 때 세상에 나타날 복음의 능력은 과연 어떠할까?

세상을 잠에서 깨워라. 우리가 그리스도 안에서 죽었으되 살았으며, 고통스러워하되 기뻐하며, 슬프되 이루 말할 수 없는 기쁨으로 가득하다고 말하라. 그렇게 할 때 우리에게 큰 평안이 임하고, 하나님께 영광이 될 것이며, 세상에 큰 증거가 될 것이다.

고통의 삶을 기쁘게 받아들일 준비를 하라.

## 3 관계 안에 있는 고통

당신은 지금 고통을 겪고 있는가? 그렇다면 당신에게 좋은 소식이 있다. 그것은 바로 성경에 당신이 겪는 고통에 대한 말씀이 많이 있다는 사실이다. 나는 교회 성도들과 대화를 나눌 기회가 많다. 그래서 내가 직접 경험하지 못한 고통에 대해서도 많이 들을 수 있었다. 이것은 굉장한 특권이 아닐 수 없다. 하지만 내가 그들의 이야기를 듣고 해줄 수 있는 말이 고작 개인적인 의견 혹은 책이나 보잘것없는 경험에서 나오는 것들 뿐이라면 어떻겠는가? 나는 아마 감정적인 위로밖에 해줄 수 없을 것이다. 이러한 면에서 나는 주님께 감사한다. 주님 덕분에 나의 지혜, 상식, 경험에 의지하지 않아도 되기 때문이다. 그리고 하나님의 말씀 안에 있는 지혜와 위로를 통해 큰 고통 중에 있는 사람들을 도울 수 있기 때문이다. 하나님은 당신이 겪고 있는 고통에 대해 많은 말씀을 해주신다. 내가 하나님의 말씀에 의지해 다음과 같이 말할 수 있는 것은 놀라운 은혜가 아닐 수 없다.

"성도님, 하나님은 당신을 위해 큰 도움을 예비해 두셨습니다. 성경에 다 나와 있어요. 이것은 내가 하는 말이 아니에요! 나의 경험이나 지혜에서 나오는 말도 아니에요. 바로 하나님이 직접 하시는 말씀이에요!"

하나님은 고통에 대한 수많은 말씀을 해주셨다.

> 그러므로 주께서 그들을 대적의 손에 넘기사 그들이 곤고를 당하게 하시매 그들이 환난을 당하여 주께 부르짖을 때에 주께서 하늘에서 들으시고 주의 크신 긍휼로 그들에게 구원자들을 주어 그들을 대적의 손에서 구원하셨거늘(느 9:27).

하나님은 백성들이 고통 중에 부르짖는 기도를 들으시고 응답하셨다.

> 다만 이뿐 아니라 우리가 환난 중에도 즐거워하나니 이는 환난은 인내를, 인내는 연단을, 연단은 소망을 이루는 줄 앎이로다. 소망이 우리를 부끄럽게 하지 아니함은 우리에게 주신 성령으로 말미암아 하나님의 사랑이 우리 마음에 부은 바 됨이니(롬 5:3-5).

바울은 성도가 고통 중에도 즐거워할 수 있다는 진리를 말하고 있다! 바울은 자신을 지극히 사랑하던 에베소 성도들을 향해 다음과 같이 말한다.

> 그러므로 너희에게 구하노니 너희를 위한 나의 여러 환난에 대하여 낙심하지 말라 이는 너희의 영광이니라(엡 3:13).

나는 이 말씀을 통해 그리스도의 종이 겪는 고통은 하나님이 자기 백성의 유익을 위해 의도적으로 계획하신 것이라고 확신할 수 있다. 그리스도의 종은 하나님이 세우신 말씀의 증거자이기 때문이다. 하지만 고통의 유익은 여기에서 그치지 않는다. 우리가 겪는 모든 고통에는 우리가 공동체 내에서 서로를 통해 유익을 얻게 하려는 목적이 있다. 당신이 그리스도 안에서 겪는 고통은 당신뿐만 아니라 당신 주변에 있는 사람들의 믿음을 강화시키는 역할을 한다. 그렇다면 우리는 공동체 내에서 고통을 통해 얻을 수 있는 유익을 하나도 놓치지 말아야 한다.

에베소서 3:13에 따르면 교회에서 개개인의 간증은 서로에게 큰 위로가 될 수 있다. 전능하신 하나님의 은혜의 손길이 다른 성도들에게도 역사하는 것을 보는 것은 큰 축복이다. 하나님은 결코 고통을 낭비하지 않으신다. 우리 역시 고통을 낭비해서는 안된다. 디모데후서에서는 특히 고통에 대한 말씀이 많이 나온다.

> 그러므로 너는 내가 우리 주를 증언함과 또는 주를 위하여 갇힌 자 된 나를 부끄러워하지 말고 오직 하나님의 능력을 따라 복음과 함께 고난을 받으라 하나님이 우리를 구원하사 거룩하신 소명으로 부르심은 우리의 행위대로 하심이 아니요 오직 자기의 뜻과 영원 전부터 그리스도 예수 안에서 우리에게 주신 은혜대로 하심이라 (딤후 1:8-9).

바울이 말하는 것은 다음과 같다.

"누군가 '당신의 구원자는 십자가 위에서 죽었고 당신의 사도들은 감옥에 갇혔으니 당신의 종교는 잘못된 것이 틀림없소'라고 말할 때 절대 낙심하지 마십시오. 당신이 십자가에 못 박힌 구원자를 섬기며 당신이 지지하던 사도들은 로마군에 잡혀갔다고 말할 때 절대 부끄러워하지 마십시오."

바울은 또한 이렇게 말한다.

> 너는 그리스도 예수의 좋은 병사로 나와 함께 고난을 받으라(딤후 2:3).

> 그러나 너는 모든 일에 신중하여 고난을 받으며 전도자의 일을 하며 네 직무를 다하라(딤후 4:5).

그리고 히브리서 2:10을 보라.

> 그러므로 만물이 그를 위하고 또한 그로 말미암은 이가 많은 아들들을 이끌어 영광에 들어가게 하시는 일에 그들의 구원의 창시자를 고난을 통하여 온전하게 하심이 합당하도다(히 2:10).

예수님이 완전해지신 것은 과연 고통을 통해서가 아니겠는가? 하나님이 우리의 구원의 선봉장이 고통을 통해 완벽해지도록 하셨다는 사실은 그저 놀라울 뿐이다.

고통에 관한 말씀은 계속 이어진다.

> 형제들아 주의 이름으로 말한 선지자들을 고난과 오래 참음의 본으로 삼으라(약 5:10).

> 너희 중에 고난 당하는 자가 있느냐 그는 기도할 것이요(약 5:13).

부당하게 고난을 받아도 하나님을 생각함으로 슬픔을 참으면 이는 아름다우나 죄가 있어 매를 맞고 참으면 무슨 칭찬이 있으리요 그러나 선을 행함으로 고난을 받고 참으면 이는 하나님 앞에 아름다우니라 이를 위하여 저희가 부르심을 받았으니 그리스도도 너희를 위하여 고난을 받으사 너희에게 본을 끼쳐 그 자취를 따라 오게 하려 하셨느니라(벧전 2:19-21).

너희는 믿음을 굳건하게 하여 그를 대적하라 이는 세상에 있는 너희 형제들도 동일한 고난을 당하는 줄을 앎이라 모든 은혜의 하나님 곧 그리스도 안에서 너희를 부르사 자기의 영원한 영광에 들어가게 하신 이가 잠깐 고난을 당한 너희를 친히 온전하게 하시며 굳건하게 하시며 강하게 하시며 터를 견고하게 하시리라(벧전 5:9-10).

위의 말씀들은 하나님이 성경을 통한 성령의 감동으로 우리에게 얼마나 많은 것들을 주시는지를 보여준다. 이 말씀들이 위로가 되지 않는가? 우리는 고통이 끊임없이 이어지는 세상에 살고 있지만 다행히 하나님은 성경을 통해 고통에 대해 말씀해 주셨다.

성경에 고통에 관한 말씀이 많이 나온다는 점은 성경말씀이 하나님의 말씀이라는 증거 중의 하나이다. 하나님은 우리를 사랑하신다. 따라서 그분은 우리가 진리를 알고 진리로 인해 위로받기를 원하신다.

## 4 고통의 원인

고통의 원인은 세 가지로 요약될 수 있다. 그것은 바로 죄, 사탄, 하나님이다. 그중 첫 번째 원인을 한 번 더 나누어 보면 이 세상에서 우리가 겪는 고통의 원인은 총 네 가지 영역에서 설명될 수 있다. 즉 고통은 우리의 죄, 다른 사람의 죄, 사탄의 역사 그리고 우리의 주권자 하나님 때문에 일어난다. 그리고 고통은 하나의 원인보다는 주로 여러 원인들의 복합적인 작용에 의해 일어난다.

예를 들면, 역대상 21장을 보면 이스라엘의 왕인 다윗이 인구조사를 명하는 장면이 나온다. 당신에게는 다윗의 행동이 별 것 아닌 것으로 여겨질 수 있다. 하지만 분명 하나님은 이스라엘의 왕에게 인구조사를 하지 말라고 말씀하셨다. 하나님이 이렇게 말씀하신 이유는 백성들에게 이스라엘의 안전이 군사의 많고 적음이 아닌 하나님의 보호에 달려 있음을 상기시키기 위함이었다.

하나님은 왕과 모든 백성들이 군사력이 아닌 하나님만을 의지하기를 바라셨다. 그러나 다윗은 하나님의 법도를 어기고 인구조사를 실시했다. 이것은 하나님의 백성들에게 무서운 결과를 초래했다. 다윗이 인구조사를 하기로 결정함으로 인해 수만 명의 백성들이 고통을 겪게 된 것이다. 역대상 21:1은 이렇게 말한다.

> 사탄이 일어나 이스라엘을 대적하고 다윗을 충동하여 이스라엘을 계수하게 하니라(대상 21:1).

역대상의 저자는 배후에서 다윗을 유혹한 것은 사탄이었다고 말한다. 따라서 이스라엘이 고통을 겪게 된 것은 다윗의 죄 그리고 사탄의 역사 때문이었다. 그러나 사무엘하 24:1-2를 보라.

> 여호와께서 다시 이스라엘을 향하여 진노하사 그들을 치시려고 다윗을 격동시키사 가서 이스라엘과 유다의 인구를 조사하라 하신지라 이에 왕이 그 곁에 있는 군사령관 요압에게 이르되 너는 이스라엘 모든 지파 가운데로 다니며 이제 단에서부터 브엘세바까지 인구를 조사하여 백성의 수를 내게 보고하라 하니(삼하 24:1-2).

다윗을 유혹해 인구조사를 하게 한 것은 사탄이었지만 사무엘하는 하나님이 다윗을 부추겨 인구조사를 하도록 하셨다고 말한다. 어떻게 된 일인가? 하나님은 주권자이시다. 사탄은 역사한다. 인간은 죄를 짓는다. 다윗도 사탄도 자신의 의지대로 했다. 그리고 하나님도 주권자로서 스스로의 의지대로 지시하셨다. 결국 이 모든 것이 연합되어 이스라엘에 임한 고통의 원인이 된 것이다. 또한 욥기 1장을 보라.

> 하루는 하나님의 아들들이 와서 여호와 앞에 섰고 사탄도 그들 가운데에 온지라 여호와께서 사탄에게 이르시되 네가 어디서 왔느냐 사탄이 여호와께 대답하여 이르되 땅을 두루 돌아 여기저기 다녀왔나이다 여호와께서 사탄에게 이르시되 네가 내 종 욥을 주의하여 보았느냐 그와 같이 온전하고 정직하여 하나님을 경외하며 악에서 떠난 자는 세상에 없느니라(욥 1:6-8).

위의 말씀에서 하나님께 찾아와 "제가 한 번 욥을 유혹해 볼까요?"라고 말한 것은 사탄이 아니다. 사탄보다 먼저 말을 꺼내신 분은 사실 하나님이시다.

"나는 네가 땅을 두루 다녀온 것을 알고 있다. 내가 너에게 언급하고 싶은 사람이 있다. 그는 내가 사랑하는 자이며 그 역시 나를 사랑하고 있다. 그의 이름은 욥이다. 사탄아, 그가 어떤 사람인지 제대로 알아본 적이 있느냐?"

그러자 사탄은 이렇게 대답한다.

"욥에 대해 언급하시니 저도 제 생각을 말씀드리겠습니다. 저는 그가 고통을 당하고 하나님이 주신 모든 축복을 빼앗긴다면 하나님의 면전에서 하나님을 저주할 것이라고 확신합니다. 그에게는 하나님이 삶의 전부가 아니기 때문입니다."

하지만 하나님은 사탄의 생각에 동의하지 않으셨다. 그리고 그 뒷이야기는 누구나 알고 있는 대로 진행된다.

성경이라는 위대한 책이 우리에게 말해주는 것은 욥의 죄와 그의 시련 사이에는 아무런 관련이 없다는 것이다. 물론 욥은 시련 속에서 죄 그리고 불신과 싸워야 했다. 하지만 그의 죄는 그의 고통을 유발한 원인과는 관련이 없었다. 욥의 시련은 사탄의 역사와 하나님의 주권 때문이었다.

이 세상의 고통의 원인에 대해 생각할 때 우선 생각해야 할 것은 죄이다. 죄가 없다면 이 세상에는 고통이 존재하지 않을 것이다. 하나님은 창세기 3:15-17에서 아담의 죄로 인해 이 세상에 고통과 수고가 임하게 될 것이라고 말씀하셨다.

> 내가 너로 여자와 원수가 되게 하고 네 후손도 여자의 후손과 원수가 되게 하리니 여자의 후손은 네 머리를 상하게 할 것이요 너는 그의 발꿈치를 상하게 할 것이니라 하시고 또 여자에게 이르시되 내가 네게 임신하는 고통을 크게 더하리니

> 네가 수고하고 자식을 낳을 것이며 너는 남편을 원하고 남편은 너를 다스릴 것이니라 하시고 아담에게 이르시되 네가 네 아내의 말을 듣고 내가 네게 먹지 말라 한 나무의 열매를 먹었은즉 땅은 너로 말미암아 저주를 받고 너는 네 평생에 수고하여야 그 소산을 먹으리라(창 3:15-17).

고통에 관한 큰 가르침 중의 하나는 죄가 없다면 이 세상에 고통도 없을 것이라는 점이다. 하지만 고통에서 죄를 향해 거꾸로 선을 그려보라. 내가 겪는 고통이 반드시 나의 죄 때문은 아니라는 중요한 사실을 알 수 있을 것이다. 다만 우리는 고통의 순간에도 죄를 미워할 줄 알아야 한다. 아담이 죄를 짓지 않았다면 이 세상에 고통이 없었을 거라는 점을 생각하면 이는 어렵지 않을 것이다.

물론 이 세상에 발생하는 대부분의 고통은 우리 자신의 죄에서 비롯된다. 나 역시 내가 겪는 고통의 대부분이 내가 저지른 죄의 결과가 아닐까 생각하곤 한다. 고통은 자신의 죄 때문에 발생하기도 하고 다른 사람들의 죄 때문에 발생하기도 한다. 또한 때로는 사탄의 역사 때문에 발생하기도 한다. 그리고 언제나 이 모든 것을 주관하시는 분은 하나님이시다.

고통이 당신의 삶에 찾아올 때 하나님은 뒤로 물러나 이렇게 말씀하지 않으신다.

"너는 홀로 그 일을 견뎌야 한다. 너의 고통은 나의 능력, 나의 권한, 나의 주권 밖의 일이다."

하나님이 정말로 이렇게 말씀 하신다면 하나님은 당신이 그분을 가장 필요로 하는 순간에 존재하시지 않는 분이 된다.

"저는 주님이 지금 무엇을 하고 계신지 질문할 수 없어요. 주님은 이번 사건과 상관이 없거든요. 저는 혼자서 이 일을 감당해야만 해요."라고 말하는 것보다 "주님, 도대체 지금 무엇을 하고 계신 건가요?"라고 질문하며 괴로운 밤을 보내는 편이 훨씬 낫다.

또한 하나님과는 아무런 관계가 없기 때문에 하나님이 하실 일이 없다고 생각하기보다 차라리 이렇게 질문하는 것이 낫다.

"주님, 당신은 도대체 지금 무엇을 하고 계십니까?"

물론 욥은 욥기 어디에서도 다음과 같이 말하지 않았다. "주님, 당신은 저를 도와주지 않으셨습니다. 하지만 저는 당신이 저를 도와줄 수 없다는 사실을 알고 있습니다."

오히려 욥은 본질적인 질문을 던진다.

"주님, 저는 당신이 통치하고 계시다는 사실을 알고 있습니다. 그렇다면 이렇게 고통을 주시는 이유가 무엇입니까?"

욥이 이렇게 질문할 수 있었던 것은 하나님이 모든 것을 다스리시기 때문이다. 우리는 고통을 경험할 때 하나님께 나아갈 수 있다. 이 세상의 친구들도 우리를 위로하겠지만 하나님만큼 우리의 고통을 잘 아시는 분은 없다.

FOR FURTHER REFLECTION
## 더 생각해 보기

1. 인간은 어떻게 고통의 지배를 당하게 되었는가?

    (창 3장; 롬 5:12-21; 고전 15:21).

2. 원죄의 영향이 지금도 어느 정도까지 미치고 있는가?

    (롬 8:18-21).

1) 원죄가 인간의 본성 및 우리가 살고 있는 물리적 세계에 미치는 영향을 구체적으로 열거하라.

2) 개인적인 죄가 아닌 인류의 타락의 결과로 인해 우리는 어떤 처지가 되었는가?

3. 고통이 다 나쁜 것은 아니다. 고통을 겪지 않는 것이 인간에게 최고의 축복은 아니다. 그리스도를 닮는 것이 최고의 축복이다. 하나님은 시련과 고통을 사용하셔서 우리가 그리스도를 닮도록 이끄신다. 로마서 8:28–29은 우리가 고통을 어떻게 이해해야 한다고 가르치는가?

4. 바울에게는 고통이 낯설지가 않았다. 고통에 관한 바울의 자전적인 고백에서 무엇을 배울 수 있는가?
   (고후 4:8–10; 12:7; 롬 5:3–5).

5. 고통에는 다양한 원인이 있다. 우리가 살펴본 대로 어떤 고통은 우리가 타락한 세상에 살고 있기 때문에 일어난다. 그러나 때로는 우리 자신이 고통의 원인이 될 때도 있다. 성경에서 그 이유들을 찾아서 열거하라.
   (느 9:26–27; 시 107:17; 잠 11:24; 13:20; 19:15; 22:3; 렘 13:22).

6. 예수님은 사탄을 물리치고 우리의 고통의 원인이 되는 죄의 영향을 물리치시기 위해 이 땅에 오셨다. 히브리서 2장을 읽고 예수님이 무엇을 하셨는지 설명하라.

## chapter 2

# 하나님의 목적은 무엇인가?

　하나님이 고통에 대해 말씀하지 않으셨다면 어떠했을까? 그것은 아마도 끔찍한 일이 되었을 것이다. 하지만 하나님은 성경의 많은 부분을 할애하셔서 우리 삶의 중요하고 지속적인 부분이자 모두가 도움을 필요로 하는 고통에 대해 말씀해 주셨다. 이 사실은 매우 위로가 되지 않는가? 고통이 점점 심해지고 오래 지속될수록 우리는 더 큰 혼란에 빠질 수 있다. 하지만 그럴 때일수록 하나님이 우리의 삶과 마음 속에 말씀해 주시는 것을 들어야 한다.

우리가 지금까지 살펴본 대로 고통에는 아주 다양한 원인이 있다. 우리는 우리 자신의 죄가 고통을 불러온다는 사실을 알고 있다. 그러나 그렇다고 해서 다음과 같이 말해서는 안된다.

"제가 고통을 당하는 것은 제가 저지른 죄 때문에 하나님이 저를 심판하시는 것입니다."

이것은 경우에 따라 사실이기도 하지만 항상 그렇지는 않기 때문이다. 하나님이 원하시는 것은 고통의 원인을 단순히 개인의 죄에서 찾는 것이 아니라 그 이상을 살펴보는 것이다.

창세기 3장에는 인간의 죄로 인해 이 세상에 고통이 임했다는 내용이 기록되어 있다.

> 또 여자에게 이르시되 내가 네게 임신하는 고통을 크게 더하리니 네가 수고하고 자식을 낳을 것이며 너는 남편을 원하고 남편은 너를 다스릴 것이니라 하시고 아담에게 이르시되 네가 네 아내

> 의 말을 듣고 내가 네게 먹지 말라 한 나무의 열매를 먹었은즉 땅은 너로 말미암아 저주를 받고 너는 네 평생에 수고하여야 그 소산을 먹으리라 땅이 네게 가시덤불과 엉겅퀴를 낼 것이라 네가 먹을 것은 밭의 채소인즉 네가 흙으로 돌아갈 때까지 얼굴에 땀을 흘려야 먹을 것을 먹으리니 네가 그것에서 취함을 입었음이라 너는 흙이니 흙으로 돌아갈 것이니라 하시니라(창 3:16-19).

하나님은 하와가 스스로의 죄 때문에 아이를 낳을 때 고통을 겪게 될 것이라고 말씀하셨다. 또한 하나님은 아담이 스스로의 죄 때문에 일할 때 수고하고 고생하게 될 것이라고 말씀하셨다.

하나님은 우리가 이 타락한 세상에서 겪는 삶의 수고, 고통, 불행, 괴로움이 아담과 하와의 죄 때문이라는 사실을 분명히 밝히셨다. 아담과 하와가 하나님께 범죄하지 않았더라면 고통은 이 세상에 들어오지 않았을 것이다. 하지만 이 문제는 아담과 하와의 죄에만 국한되는 것이 아니다. 죄를 지으려는 본성이 우리 모두에게 있고 때때로 우리의 죄가 우리를 고통으로 몰아넣기 때문이다.

베드로는 베드로전서에서 그리스도인들에게 고통을 견디라고 격려한다.

> 부당하게 고난을 받아도 하나님을 생각함으로 슬픔을 참으면 이는 아름다우나 죄가 있어 매를 맞고 참으면 무슨 칭찬이 있으리요 그러나 선을 행함으로 고난을 받고 참으면 이는 하나님 앞에 아름다우니라 이를 위하여 너희가 부르심을 받았으니 그리스도도 너희를 위하여 고난을 받으사 너희에게 본을 끼쳐 그 자취를 따라오게 하려 하셨느니라 그는 죄를 범하지 아니하시고 그 입에 거짓도 없으시며(벧전 2:19-22).

우리는 1장에서 고통이 때로는 우리 자신의 죄의 결과로 발생한다는 사실을 살펴보았다. 하지만 고통은 직접적으로 다른 사람들의 죄 때문에 발생하기도 한다. 당신은 상처와 고통, 충족되지 못한 욕구들 그리고 어릴 때 부모 때문에 겪게 된 가슴 아픈 기억들을 지닌 채 살아가는 것이 어떤 것인지를 알고 있을지도 모른다. 즉 고통이 반드시 당신의 잘못 때문인 것은 아니다. 고통은 충분히 다른 사람들의 죄 때문에 일어나기도 한다.

또한 우리는 욥을 통해 고통이 사탄의 역사 때문에도 일어난다는 사실을 배웠다. 사탄은 욥이 겪어야 했던 극심한 고통의 배후에 있었다. 욥은 그의 죄 때문에 하나님의 심판을 받는 것이 아니었다. 오히려 그를 극심한 고통에 빠뜨린 것은 욥을 시험하기 원했던 사탄이었다.

그러나 궁극적으로 고통은 하나님의 주권 아래 있다. 우리가 앞서 살펴본 대로 어떤 사람들은 자신의 고통과 하나님을 절대로 연관시키지 않으려고 한다. 선한 사랑의 하나님과 너무나 괴로운 자신의 고통을 쉽게 연관지을 수 없기 때문이다. 이런 사람들은 하나님의 선하심을 보호하기 위해 아이러니하게도 하나님을 자신의 고통에서 최대한 멀리 밀어내 버린다. 그러나 생각해 보라. 하나님을 고통에서 제외시켜 버린다면 우리의 삶의 가장 중요한 순간들을 만들어 내는 고통스러운 경험들은 모두 하나님이 접근하실 수 없는 일이 되고 만다.

나는 하나님이 내가 겪는 고통의 한복판에 계시기를 원한다. 하지만 여기서 중요한 것은 내가 무엇을 바라느냐가 아니라 성경이 어떻게 말씀하시느냐이다. 하나님이야말로 우리의 고통을 주장하시는 주권자이시다.

## 1. 고통에 담긴 하나님의 목적은 무엇인가?

하나님이 당신이 겪는 고통의 주권자시라면 그 모든 고통에 담긴 하나님의 뜻은 무엇일까? 우리는 이제 하나님이 우리의 고통을 통해 이루고자 하시는 네 가지 목적에 대해 살펴볼 것이다.

1. 경건을 가르치신다

고통의 신성하고 고귀한 목적은 무엇일까? 성경은 우리가 고통을 통해 경건에 이르는 것이 하나님의 목적이라고 말한다.

> 다만 이뿐 아니라 우리가 환난 중에도 즐거워하나니 이는 환난은 인내를, 인내는 연단을, 연단은 소망을 이루는 줄 앎이로다(롬 5:3-4).

비록 우리가 이 말씀의 깊은 뜻을 다 이해하기는 어렵겠지만 바울이 말하고 있는 바를 한 문장으로 정리하면 다음과 같다.

"하나님의 뜻은 당신의 고통이 인내, 연단 그리고 소망을 이루도록 하는 것이다."

고통을 다른 말로 표현하면 믿는 자들을 거룩하게 세우는 성령의 도구이다. 그렇기 때문에 우리는 시험 중에도 즐거워할 수 있다. 자신을 학대하기 때문이 아니라 성령이 하나님의 주권에 따라 우리 안에 역사하고 계심을 알기 때문이다.

하나님은 우리 안에 고통이 아니었더라면 생길 수 없는 것을 만드시기 위해 고통을 사용하신다. 하나님은 고통을 통해 당신의 교회가 거룩하게 성장하도록 이끄신다.

이 사실은 극심한 고통을 겪는 그리스도인 친구들을 살펴보면 알 수 있다. 그들은 고통 때문에 비통해지는 것이 아니라 오히려 더욱 부드러워졌다. 그리고 더

강해지기까지 했다. 그들은 죽음이 코앞에 닥쳐올지라도 물러서지 않는 사람들이다. 그들은 이제 삶에 무슨 일이 일어나더라도 무사할 것이다. 그들 속에 연단을 이루시는 하나님의 역사를 지켜보는 것은 큰 기쁨이 아닐 수 없다.

그런데 당신은 그리스도를 믿지 않는 친구가 비슷한 고통을 겪는 경우도 보았을 것이다. 그 친구들은 고통 때문에 더 작아지고, 약해지며, 비장해졌다. 고통은 그 자체로 거룩함이 되지 않는다.

성령이 당신 안에 역사하심으로써 고통을 통해 은혜 속에서 성장하는 것이다. 이러한 이유로 동일한 고통을 겪을지라도 믿음으로 그리스도를 신뢰하는 사람들과 그렇지 않은 사람들 속에는 전혀 다른 열매가 맺히는 것이다.

성령은 우리가 세상에서 겪는 고통이 우리 안에 인내, 연단, 소망을 이루게 한다. 이것이 고통의 첫 번째 목적이다.

## 2. 그리스도 안에서 놀라운 기쁨을 주신다

하나님은 고통을 통해 우리가 이 세상보다 그리스도를 소중히 여기도록 하신다. 당신은 아마 주일학교 시절부터 바울이 빌립보 성도들에게 쓴 편지가 "기쁨의 편지"라는 말을 들어왔을 것이다. 주일학교 선생님은 정확히 옳은 말씀을 하셨다.

그런데 내가 알고 있는 바로는 신약성경 중에 빌립보서만큼 고통에 관한 말씀이 많이 나오는 책은 없다. 그렇지만 빌립보서는 분명히 "기쁨의 편지"이다.

기독교 안에서는 "고통 중의 기쁨"이라는 말이 전혀 모순이 아니다. 세상 사람들의 귀에는 "고통 중의 기쁨"이라는 말이 모순으로 들릴지 몰라도 믿는 자들은 기쁨과 고통이라는 말을 한 문장 내에서 모순 없이 사용할 수 있다. 고통에 대해 배우기 위해 기쁨의 책인 빌립보서를 살펴볼 수 있다는 사실이 너무나도 은혜롭지 않은가?

바울은 다음과 같이 말한다.

> 또한 모든 것을 해로 여김은 내 주 그리스도 예수를 아는 지식이 가장 고상하기 때문이라 내가 그를 위하여 모든 것을 잃어버리고 배설물로 여김은 그리스도를 얻고 그 안에서 발견되려 함이니 내가 가진 의는 율법에서 난 것이 아니요 오직 그리스도를 믿음으로 말미암은 것이니 곧 믿음으로 하나님께로부터 난 의라 내가 그리스도와 그 부활의 권능과 그 고난에 참여함을 알고자 하여 그의 죽으심을 본받아 어떻게 해서든지 죽은 자 가운데서 부활에 이르려 하노니(빌 3:8-11).

하나님은 우리가 고통을 통해 이 세상의 보물과 예수 그리스도를 아는 영원한 지식에 대해 옳은 평가를 내리도록 역사하신다. 다시 말해서 고통은 우리가 이 세상의 것들에 대해 정확한 판단을 내리게 해준다.

세상의 것들은 잠시 스쳐 지나가는 것들이다. 고통을 겪기 전에는 세상의 것들을 통해 누리는 즐거움이 컸지만 고통을 겪게 되면 세상의 것들은 그 매력을 잃게 된다. 하지만 우리의 가치판단 속에 세상의 즐거움이 시들해질수록 그리스도의 구원은 점점 커져간다.

바울이 말하고 있는 바는 다음과 같다.

"제게 무슨 일이 일어났는지 들어보세요. 저는 유대교의 종교 지도자로서 존경을 받았으며 장래가 유망한 사람이었습니다. 로마의 이교도적 영향에 맞설 민족의 도덕적 지도자로 촉망받던 사람이었습니다. 그러나 저는 교회를 핍박하러 다메섹으로 가던 길에 예수님을 만났고 그 순간 모든 것을 잃었습니다. 하지만 바로 이러한 이유 때문에 하나님을 찬양합니다!"

바울은 예수님을 만나던 그날 자신이 소중히 여기던 모든 것을 잃었지만 그 무엇보다도 가장 귀한 예수 그리스도를 얻은 것이다. 하나님은 우리가 고통을 통해 이 세상의 보물과 예수 그리스도를 아는 가장 위대한 기쁨에 대해 분명히 깨닫도록 역사하신다.

나의 한 친구는 두 살짜리 아이를 풀장에서 익사 사고로 잃게 되었다. 그녀는 병원에서 호흡이 끝나가는 아들을 팔에 안고서 나를 올려다보며 이렇게 말했다.

"우리 '송영'(Doxology)을 같이 부를까요?"

그녀는 큰 슬픔 중에서도 아들이 다시 자기 품으로 돌아올 수는 없지만 언젠가 아들과 함께 할 수 있으리라는 사실을 알고 있었다. 그래서 아들의 숨이 넘어가는 순간에 "송영"을 창조주께 불러드리고 싶었다.

그녀는 그 무엇보다도 그리스도를 귀하게 여기고 있었다. 그리고 그 순간에 성령은 혹독한 고통과 시련을 통해 그녀 안에 더 깊은 믿음을 만들고 계셨다.

하나님은 고통을 사용하셔서 우리가 이 세상의 것들을 덜 소중히 여기도록 우리를 이끄신다. 그리고 하나님은 이 세상이 주는 어떠한 것들보다도 예수 그리스도와 함께 누리는 영원한 교제를 더 소중히 여기도록 우리를 이끄신다.

## 3. 교회를 세우신다

우리의 고통은 성도들이 모여 이루어진 교회의 성숙을 돕는다. 우리가 겪는 고통은 우리가 그리스도를 더 존귀하게 여기도록 할 뿐만 아니라 교회 전체의 성숙을 이룬다. 이는 매우 놀라운 사실이다.

바울은 골로새서에서 다음과 같이 말한다.

> 나는 이제 너희를 위하여 받는 괴로움을 기뻐하고 그리스도의 남은 고난을 그의 몸된 교회를 위하여 내 육체에 채우노라 내가 교회의 일꾼 된 것은 하나님이 너희를 위하여 내게 주신 직분을 따라 하나님의 말씀을 이루려 함이니라 이 비밀은 만세와 만대로부터 감추어졌던 것인데 이제는 그의 성도들에게 나타났고 하나님이 그들로 하여금 이 비밀의 영광이 이방인 가운데 얼마나 풍성한지를 알게 하려 하심이라 이 비밀은 너희

> 안에 계신 그리스도시니 곧 영광의 소망이니라 우리가 그를 전파하여 각 사람을 권하고 모든 지혜로 각 사람을 가르침은 각 사람을 그리스도 안에서 완전한 자로 세우려 함이니 이를 위하여 나도 내 속에서 능력으로 역사하시는 이의 역사를 따라 힘을 다하여 수고하노라(골 1:24-29).

고통은 온 교회의 성숙을 위한 하나님의 도구이다. 하나님은 우리의 고통이 그리스도의 몸의 고통에 참여하는 것이 되어 그리스도의 고통의 목적이 교회에 이루어지게 하신다. 다시 말해서 하나님은 때때로 그리스도의 몸인 교회의 성숙을 위해 자녀들이 고통을 겪게 하신다.

하지만 그리스도의 고통에 우리가 "채워야 할" 부분이 있다는 것은 그분의 고통이 우리를 구원하기에 부족하다는 뜻이 아니다. 이것은 다만 당신이 예수 그리스도를 믿을 때 그분의 몸의 일부가 된다는 점을 인식하는 것을 의미한다. 당신이 그리스도의 몸의 일부가 되기 때문에 당신의 고통 역시 그리스도의 고통이 되는 것이다. 그렇다면 그리스도의 고통 중에 우리가 채워야 할 부분은 무엇인가? 그것은 바로 그분의 몸인 교회가 아직 겪지 않은 고통들이다. 즉 예수님이 다시 오셔서 백성들을 위해 모든 고통을 끝내실 때까지 그분의 몸된 교회가 계속 경험해야 하는 고통을 말한다.

사도 바울은 지금 우리에게 놀라운 말을 해주고 있다. 그리스도의 몸이 겪는 고통에는 그리스도의 몸을 성숙하게 만들려는 의도가 담겨 있다는 것이다.

하나님은 성령과 믿음으로 역사하셔서 우리의 고통을 통해 교회에 그리스도의 고통의 목적이 이루어지게 하신다. 그리스도가 당하신 고통의 목적은 다음과 같다.

첫째, 예수님이 우리 안에 계시는 것.

둘째, 우리가 영광의 소망을 갖는 것.

셋째, 우리 모두가 예수님 안에서 성숙해지는 것.

몇 해 전 나는 아내와 함께 오스트리아의 비엔나를 방문할 기회가 있었다. 주로 동유럽에서 사역을 하다가 선교훈련을 위해 비엔나로 오게 된 선교사들과 함께 사역을 하기 위해서였다. 그들 중 많은 선교사들이 리폼드신학교(Reformed Theological Seminary)의 수업을 듣고 있었다. 나는 약 일곱 명의 베테랑 선교사들에게 하나님의 교리를 가르치는 역할을 맡았다. 그리고 그들 중에는 데이브 배브콕(Dave Babcock)이라는 사람이 있었다.

수업 둘째 날 점심시간이었다. 자연스레 수업을 듣는 선교사들과 사역에 대해 이야기를 나누게 되었다. 그러다 데이브가 공산주의 국가에 성경을 밀반입시킨 것으로 유명한 브라더 앤드류(Brother Andrew) 선교사의 동료인 것이 알려졌다. 이것은 『하나님의 밀수꾼』(God's Smuggler)이라는 책에 나와 있는 내용이었다. 저자가 공산주의 국가의 박해를 우려해 실명을 언급하지는 않았지만 데이브는 그 책에 나오는 대부분의 일을 실제로 한 사람이었다. 데이브는 불가리아, 터키, 우크라이나, 러시아, 중국 그리고 이름을 다 기억할 수 없는 수많은 국가에서 체포되고, 감옥에 갇혔으며, 구타를 당했다. 데이브는 이에 대해 말을 아꼈지만 나는 그에 대한 정보를 알게 될수록 자꾸 이런 생각이 들었다.

"내가 수업 시간에 데이브 앞에서 하나님 그리고 예수님에 대한 믿음과 주님을 섬기는 법을 가르치는 것이 가당키나 한가? 데이브, 제발 앞에 나와서 우리를 가르쳐 주세요! 저는 이제 저 아래에 앉아 있을 테니까요!"

우리는 주님을 신실하게 섬기는 사람 앞에서 겸손해지지 않을 수 없다. 그날의 고된 하루 일정을 마치고 앤(Anne)과 나는 우리가 머물던 집으로 돌아왔다. 집주인은 우리를 위해 저녁을 차리기 시작했다. 식사 메뉴는 매우 단순했고 양도 아주 적었다. 집주인은 앤과 나를 먼저 대접했다. 하지만 내가 보기에는 그 양이 너무 적어 보였다. 나는 속으로 이렇게 생각했다.

"당신도 아시다시피 우리는 많이 돌아다녀서 배가 고픈 상태예요. 그런데 겨우 비스킷 하나와 오래된 우유뿐이라니요."

그런데 잠시후 그 집의 두 아이가 식사를 전혀 못하고 있다는 것을 깨달았다. 아이들 몫이 나와 앤에게 돌아왔던 것이다. 그 집에는 더 이상 음식이 남아있지 않았다.

나는 너무나도 부끄러운 마음이 들었다.

"이곳 사람들에게 하나님과 성경에 대해 가르친다면서 내가 지금 무엇을 하고 있는 것인가?"

하나님은 그들의 고통을 통해 나를 일으켜 세우시고 믿음을 굳게 해주셨다. 나는 그곳 사람들과 데이브 주변에 머물고 싶다는 생각이 들었다. 데이브는 박해와 굴욕을 견딜만큼 주님을 사랑했다. 공산주의 국가에 성경을 반입하고 또 반입했으며 자신의 모든 삶을 걸고 그리스도를 전했다. 그리고 복음을 위해 가난하게 살았다. 나는 그런 사람과 대화를 나누는 특권을 놓치고 싶지 않았다. 그의 주변에 머물러 있는 것 자체가 내 영혼의 양식과 같았다. 나는 그 일주일을 결코 잊을 수 없다. 앞으로 데이브와 교제를 나눌 기회가 다시는 오지 않을지도 모른다. 하지만 나는 그를 결코 잊지 못할 것이다. 특히 그가 자신의 고통을 통해 나에게 준 선물을 잊지 못할 것이다.

당신의 고통은 당신에게만 국한된 것이 아니다. 당신은 그리스도의 몸된 교회의 일원이다. 당신의 고통은 당신의 성숙 뿐만 아니라 그리스도의 몸의 성숙을 위한 것이다. 당신의 고통은 그리스도의 교회를 세우고 하나님의 백성들이 시험을 당하는 동안 믿음과 소망과 확신을 가질 수 있게 해준다. 고통에 담긴 하나님의 목적 중 하나가 온 교회의 성숙이기 때문에 당신의 고통 역시 그리스도의 몸의 고통이 된다.

## 4. 영광을 위해 우리를 준비시킨다

고통에 담긴 또 다른 하나님의 목적은 우리가 영광을 위해 준비되도록 하는 것이다. 하나님은 고통을 통해 우리를 준비시키신다.

> 우리가 이 보배를 질그릇에 가졌으니 이는 심히 큰 능력은 하나님께 있고 우리에게 있지 아니함을 알게 하려 함이라 우리가 사방으로 우겨쌈을 당하여도 싸이지 아니하며 답답한 일을 당하여도 낙심하지 아니하며 박해를 받아도 버린 바 되지 아니하며 거꾸러뜨림을 당하여도 망하지 아니하고 우리가 항상 예수의 죽음을 몸에 짊어짐은 예수의 생명이 또한 우리 몸에 나타나게 하려 함이라 우리 살아 있는 자가 항상 예수를 위하여 죽음에 넘겨짐은 예수의 생명이 또한 우리 죽을 육체에 나타나게 하려 함이라 그런즉 사망은

우리 안에서 역사하고 생명은 너희 안에서 역사하느니라 기록된 바 내가 믿었으므로 말하였다 한 것 같이 우리가 같은 믿음의 마음을 가졌으니 우리도 믿었으므로 또한 말하노라 주 예수를 다시 살리신 이가 예수와 함께 우리도 다시 살리사 너희와 함께 그 앞에 서게 하실 줄을 아노라 이는 모든 것이 너희를 위함이니 많은 사람의 감사로 말미암아 은혜가 더하여 넘쳐서 하나님께 영광을 돌리게 하려 함이라 그러므로 우리가 낙심하지 아니하노니 우리의 겉사람은 낡아지나 우리의 속사람은 날로 새로워지도다 우리가 잠시 받는 환난의 경한 것이 지극히 크고 영원한 영광의 중한 것을 우리에게 이루게 함이니 우리가 주목하는 것은 보이는 것이 아니요 보이지 않는 것이니 보이는 것은 잠깐이요 보이지 않는 것은 영원함이라(고후 4:7-18).

바울은 하나님이 우리가 고통을 통해 하나님의 권능을 볼 수 있도록 성령과 믿음으로 역사하신다고 말하고 있다. 우리는 어려움을 겪지 않았더라면 하나님의 권능을 알 수 없었을지도 모른다. 고통은 우리가 연약함 속에서 하나님의 권능을 볼 수 있게 해 준다. 그리고 우리가 그 어느 것과도 비교할 수 없는 영원한 영광을 위해 준비되게 한다. 바울의 뜻을 모두 전달하기에는 부족하겠지만 그의 말을 요약하면 다음과 같다.

"이 세상에서 고통을 겪는 동안 하나님의 전적인 은혜를 경험하지 못한다면 하나님이 당신을 위해 예비해 두신 영광을 감당할 수 없을 것이다."

사도 바울은 당신의 고통이 지금의 순간만을 위한 것이 아니라고 말한다. 당신의 고통은 그리스도 안에서의 성숙을 위해서만이 아니다. 물론 그런 목적이 있는 것은 사실이다. 그리고 경건을 위해서만도 아니다. 물론 그런 목적 또한 있는 것이 사실이다. 당신이 지금 당장 그리스도를 귀하게 여기게 되고 교회가 변화되는 것 역시 고통의 유일한 목적은 아니다. 물론 그런 좋은 목적이 있는 것은 사실이다. 당신의 고통은 당신이 이해할 수조차 없는 큰 영광을 위해 당신을 준비시키기 위한 것이다. 지금 고통 중에 하나님의 은혜를 경험하지 못한다면 장차 하나님이 당신에게 부여하실 영광을 감당할 수 없을 것이다.

이 사실은 우리를 다시 로마서 5장으로 인도한다.

> 또한 그로 말미암아 우리가 믿음으로 서 있는 이 은혜에 들어감을 얻었으며 하나님의 영광을 바라고 즐거워하느니라 다만 이뿐 아니라 우리가 환난 중에도 즐거워하나니 이는 환난은 인내를, 인내는 연단을, 연단은 소망을 이루는 줄 앎이로다 (롬 5:2-5).

하나님의 목적은 우리가 생각하는 것보다 훨씬 크기 때문에 성도에게는 고통 중에도 빼앗길 수 없는 소망이 있다. 우리는 장차 영광에 참여하는 자가 될 것이다. 그때 우리는 하나님과의 교제가 이루 말할 수 없는 기쁨과 충만한 영광이라고 말하게 될 것이다. 이 기쁨은 세상에서 얼마나 많이 혹은 얼마나 오랫동안 고통을 겪어 왔느냐에 상관없이 그리스도를 믿는 우리 모두를 기다리고 있다.

당신에게 남은 생애가 하루하루 매 순간 고통으로 가득찰지라도 당신이 견디는 그 시간만큼 당신은 영광에 가까이 다가가게 될 것이다! 고통은 언젠가 그리스도인들에게서 물러나겠지만 영광은 영원히 지속될 것이다.

## FOR FURTHER REFLECTION
## 더 생각해 보기

1. 우리의 고통조차 하나님의 주권 아래 있다는 사실이 얼마나 그리스도인들에게 위로가 되는가?

2. 어떻게 그리스도인들이 고통을 통해 성장할 수 있는가?

3. "고통 중에 기뻐하는 것"은 그리스도인에게 모순이 아니다. 당신은 기쁨과 슬픔을 동시에 느낀 경험이 있는가?

4. 어떻게 다른 그리스도인들이 당신의 시험을 통해 유익을 얻을 수 있는가? 어떻게 당신은 다른 그리스도인들이 고통에 반응하는 것을 보고 유익을 얻을 수 있었는가?

5. 그리스도인들이 고통을 겪을 때 어떻게 하나님의 영광이 확장될 수 있는가?

# Does Grace Grow Best in Winter?

# chapter 3

# 어떻게 고통으로부터 유익을 얻을 수 있는가?

고통이 주는 유익에 대한 책은 이미 많이 나와있다. 불과 몇 쪽으로 이루어진 책에서부터 수백 쪽에 이르는 책까지 수많은 책들이 시중에서 판매되고 있다.

성경을 보면 고통의 유익에 대한 답이 셀 수 없을 만큼 나온다. 따라서 나는 고통의 유익이라는 주제를 내 스스로 완결지을 생각은 없다. 다만 고통이 주는 유익과 관련해서 답이 필요할 때 쉽게 찾아볼 수 있도록 성경을 살펴보려 한다. 지금부터 고통을 겪을 때 유익을 얻을 수 있는 일곱 가지 방법을 살펴보도록 하자.

## 하나님의 선한 목적을 믿으라  1

> 다만 이뿐 아니라 우리가 환난 중에도 즐거워하나니 이는 환난은 인내를, 인내는 연단을, 연단은 소망을 이루는 줄 앎이로다 소망이 우리를 부끄럽게 하지 아니함은 우리에게 주신 성령으로 말미암아 하나님의 사랑이 우리 마음에 부은 바 됨이니(롬 5:3-5).

사도 바울은 이 말씀에서 최소한 두 가지를 확신하고 있다.

첫째, 사도 바울은 하나님이 고통 속에 선한 목적을 두고 계신다고 확신한다. 사도 바울이 경험한 고통과 시험은 인내와 연단 그리고 소망을 이루기 위해 계획된 것이었다.

둘째, 사도 바울은 환난 자체를 즐거워할 수는 없

어도 환난 "속에서" 즐거워할 수 있음을 확신한다. 나중에 사도 바울은 사도행전에서 예수 그리스도를 위해 고난을 받는 특권 때문에 기뻐한다고 고백한다. 이는 고통 자체를 즐긴다는 뜻이 아니다.

우리가 고통 중에도 기뻐할 수 있는 것은 하나님이 우리의 고통과 시험에 선한 목적을 두고 계시기 때문이다.

## 2 하나님의 힘에 의지하라

고통에 맞서려면 우리 자신의 힘이 아닌 하나님의 힘에 의지해야 한다. 자신의 힘이 아닌 하나님의 힘으로 고통과 맞설 때 고통을 통해 최대한의 유익을 얻을 수 있다.

바울은 디모데에게 다음과 같이 말한다.

> 그러므로 너는 내가 우리 주를 증언함과 또는 주를 위하여 갇힌 자 된 나를 부끄러워하지 말고 오직 하나님의 능력을 따라 복음과 함께 고난을 받으라 하나님이 우리를 구원하사 거룩하신 소명으로 부르심은 우리의 행위대로 하심이 아니요 오직 자기의 뜻과 영원 전부터 그리스도 예수 안에서 우리에게 주신 은혜대로 하심이라
> (딤후 1:8-9).

바울은 예수님이 십자가에 못 박히셨다는 사실을 증거로 들고 있다. 십자가에 못 박히는 것은 매우 수치스러운 일이었다. 디모데는 아마 자신의 메시지에 조롱을 퍼붓는 사람들을 만났을 것이다. 그들은 다음과 같이 말했을 지도 모른다.

"지금 나에게 십자가에 못 박힌 구세주를 팔려는 겁니까? 그는 수치스러운 일을 당했어요. 게다가 당신의 하나님은 절대로 위대하지 않아요. 당신이 가장 존

경하던 바울마저 감옥에 갇혀 있으니까요."

디모데는 이런 말에 흔들렸을지도 모른다. 그래서 바울은 디모데에게 십자가에 못 박히신 구주를 섬기고 사랑하는 것을 부끄러워하지 말라고 말하고 있다.

우리는 궁지에 몰리는 순간마다 그곳에서 어떻게 빠져나올지 골똘히 궁리하게 된다. 하지만 우리는 먼저 이렇게 고백해야 한다.

"하나님, 당신의 아들 예수 그리스도의 은혜로 저는 당신의 자녀가 되었습니다. 당신은 저보다 더 저를 생각해 주십니다. 당신은 저보다 더 저를 돌보아 주십니다. 무엇보다 제 마음을 지켜 주십시오. 제가 여기서 빠져나가기 위해 발버둥 치다가 상황을 더 엉망으로 만들지 않도록 도와 주십시오. 어떠한 상황에서도 저는 당신을 신뢰할 것입니다."

바울은 고통을 만날 때 하나님의 힘에 더욱 의지해야 한다고 말하고 있다.

## 좋은 병사처럼 3
## 고통에 임하라

고통의 유익을 최대한으로 얻고 싶다면 좋은 병사가 전쟁에 임하듯 기도와 묵상을 통해 고통에 임해야 한다. 이것은 과연 무슨 뜻일까?

충분히 훈련을 받은 병사는 갑자기 전쟁터에 나가게 되더라도 결코 놀라지 않는다. 그 전쟁을 위해 지속적으로 훈련을 받아왔기 때문이다. 마찬가지로 당신 역시 고통에 대해 준비하는 것을 당신의 임무로 여기기 바란다. 그러면 주일 아침을 맞는 자세가 완전히 달라질 것이다. 그렇지 않은가? 우리가 주일마다 하나님의 사람들과 한 자리에 모이는 것은 시험과 고통에 대해 준비되어 예수 그리스도의 좋은 병사가 되도록 훈련을 받는 것이다.

고통에서 최대한의 유익을 얻고자 한다면 전쟁에 임하는 좋은 병사처럼 고통에 임해야 한다. 고통에 대해 준비되는 것을 당신의 임무로 여겨라. 그러면 고통은 놀랄 일이나 방해거리가 되지 않을 것이다. 바울은 이렇게 말한다.

> 너는 그리스도 예수의 좋은 병사로 나와 함께 고난을 받으라(딤후 2:3).

바울은 우리가 스스로를 전쟁에 대비하는 병사로 여기기를 바라고 있다. 이 전쟁은 강도와 방식은 달라도 우리 모두에게 어느 정도의 고통을 수반할 것이다.

"나는 전쟁을 위해 준비되고 있다. 전쟁이 닥친다 해도 놀라지 않을 것이다. 나는 고통에 대해 준비되고 있다. 고통이 닥친다 해도 놀라지 않을 것이다"라고 말하는 병사처럼 굳건하게 고통에 임하라.

## 4 예수님의 고통에 참여하라

하나님의 은혜로 고통에서 최대한의 유익을 얻고자 한다면 예수 그리스도의 경험 속으로 들어가야 한다. 예수님 자신이 고통을 통해 완벽해지셨기 때문이다. 우리는 마지막 장에서 이런 관점을 가지고 예수님의 고통을 살펴볼 것이다.

우리가 믿음을 통한 은혜로 예수님의 몸의 일부가 되었다면 우리는 곧 그리스도의 고통에 참여하는 자가 된 것이다. 하지만 그렇다고 우리가 예수님이 우리의 구속의 대가로 치르신 고통에 참여하게 되는 것은 아니다. 즉 아무런 대가 없이 우리를 구원하시고 의롭다 칭하시며 살아계신 하나님의 자녀로 영접해 주시기 위해 예수님이 당하신 고통에 우리가 참여할 수는 없다. 우리가 그분의 몸의 고통에 참여하게 되는 것은 바로 우리가 교회로서 그리스도의 몸이 되었기 때문이다.

사도 바울은 회심하기 전 더 많은 그리스도인들을 핍박하기 위해 다메섹으로 가고 있었다. 그때 예수님이 그에게 나타나 이렇게 말씀하셨다.

> 땅에 엎드러져 들으매 소리가 있어 이르시되 사울아 사울아 네가 어찌하여 나를 박해하느냐 하시거늘(행 9:4).

예수님은 왜 이렇게 말씀하셨을까? 그것은 바로 교회가 예수님의 몸이고 교회의 고통이 곧 예수님의 고통이기 때문이다. 예수님의 몸을 치는 것은 예수님을 치는 것이다. 그러므로 당신이 고통을 당하는 것은 곧 예수 그리스도의 고통에 참여하는 것이다. 따라서 예수님이 겪으신 고통을 분명하게 이해하는 것이 매우 중요하다.

예수님이 겪으신 고통에 대해 히브리서 저자는 다음과 같이 말한다.

> 그러므로 만물이 그를 위하고 또한 그로 말미암은 이가 많은 아들들을 이끌어 영광에 들어가게 하시는 일에 그들의 구원의 창시자를 고난을 통하여 온전하게 하심이 합당하도다(히 2:10).

당신은 앞으로 남은 삶 동안 예수님이 "고통을 통해 온전해 지셨다"는 말씀을 묵상해 볼 수 있을 것이다. 어떻게 온전한 것을 더 온전하게 만들 수 있을까? 온전한 것을 더 온전하게 만든다는 것은 말이 안되는 것처럼 들린다. 하지만 이것은 정확히 히브리서 저자가 하고 있는 말이다.

예수님 자신이 고통을 통해 온전해지셨기 때문에 예수 그리스도를 믿는 성도는 고통을 통해 예수 그리스도의 경험에 들어가게 된다.

## 5 당신이 혼자가 아님을 기억하라

하나님의 은혜로 고통에서 최대한의 유익을 얻으려면 고통 속에 당신 혼자만 있는 것이 아님을 분명하게 기억해야 한다. 그리고 더 나아가 고통 속에 당신 혼자만이 아닌 위대한 성도들과 함께 있음을 기억해야 한다.

야고보는 고통을 견디고 있는 그리스도인들에게 다음과 같이 말한다.

> 형제들아 주의 이름으로 말한 선지자들을 고난과 오래 참음의 본으로 삼으라(약 5:10).

야고보는 사실 자신의 믿음 때문에 고통을 받고 있는 유대인 그리스도인을 향해 다음과 같이 말하는 것이다.

"형제 여러분, 주님께 대한 충성과 믿음 때문에 고통을 당했던 선지자들을 바라보십시오. 당신도 그들 중에 속해 있습니다. 당신 혼자 고통을 겪는 게 아닙니다. 고통을 겪는 성도들의 일원입니다."

이어서 베드로가 베드로서 5:9-10에서 소아시아의 다른 그리스도인들에게 한 말을 생각해 보라.

> 너희는 믿음을 굳건하게 하여 그를 대적하라 이는 세상에 있는 너희 형제들도 동일한 고난을 당하는 줄을 앎이라 모든 은혜의 하나님 곧 그리스도 안에서 너희를 부르사 자기의 영원한 영광에 들어가게 하신 이가 잠깐 고난을 당한 너희를 친히 온전하게 하시며 굳건하게 하시며 강하게 하시며 터를 견고하게 하시리라(벧전 5:9-10).

당신 혼자만 고통을 겪는 게 아니다. 사실 다른 성도들이 지금껏 인내해왔고 지금도 인내하고 있는 고통에 대해 생각해 보면 당신은 저절로 겸손한 마음이 들 것이다.

최근 터키의 이슬람교도들이 성경과 기독교 서적을 배포한 세 명의 선교사들을 잔인하게 고문한 사건이 있었다. 그 이슬람교도들은 결국 선교사들의 목을 베고 생명을 끊어 버렸다. 이 선교사들의 아내와 아이들은 남편과 아버지를 잃은 고통을 인내하며 살아가고 있다. 이들이야말로 그리스도 안에서 당신의 형제요 자매인 것이다.

지금 어떤 고통을 겪고 있든 간에 당신은 세계의 형제자매들과 함께 고통을 겪고 있다.

당신만 고통 속에 있는 것이 아니다. 당신은 큰 성도들의 무리에 속해 있다. 이러한 생각은 당신을 겸손하게 만든다. 사실 우리가 겪는 대부분의 고통은 세계의 다른 형제자매가 겪는 고통에 비하면 보잘것없는 것이다.

## 쉬지 말고 기도하라 6

야고보는 성령의 감동을 받아 우리에게 매우 간단하고 분명한 가르침을 준다.

> 너희 중에 고난 당하는 자가 있느냐 그는 기도할 것이요 즐거워 하는 자가 있느냐 그는 찬송할지니라(약 5:13).

고통이 우리를 예수님의 품으로 인도하지 않는다면 그 고통은 우리에게 큰 피해를 끼칠 것이다. 우리가 우리 영혼의 기쁨이요 소망이 되시는 분으로부터 멀어진다면 고통은 우리에게 큰 피해를 끼칠 것이다.

야고보는 고통을 겪을 때 하나님 아버지께로 달려가 그분의 아들을 통해 그리고 성령의 도움을 통해 기도해야 한다고 말한다. 고통을 겪을 때 삼위일체 하나님께로 달려가라! 쉬거나 멈추지 말고 고통 중에도 기도하라! 그렇지 않으면 고통은 당신에게 어떠한 유익도 가져다주지 못할 것이다.

## 7 고통에 관한 위대한 찬송을 배우고 부르라

하나님의 은혜로 당신의 고통에서 최대한의 유익을 얻는 방법을 배우고 싶다면 고통에 관한 위대한 찬송을 배우고 부르라. 이런 찬송을 어디서 배우는지 궁금한가? 사도 바울은 골로새 성도들에게 보내는 편지에서 다음과 같이 말한다.

> 그리스도의 말씀이 너희 속에 풍성히 거하여 모든 지혜로 피차 가르치며 권면하고 시와 찬송과 신령한 노래를 부르며 감사하는 마음으로 하나님을 찬양하고(골 3:16).

바울은 시와 찬송과 신령한 노래를 부르는 행위가 그리스도의 말씀이 그들 안에 풍성히 거하도록 피차 격려하는 방법이라고 생각했다. 하나님의 목적을 위해, 하나님의 은혜로, 최대한의 유익을 주는 고통에 대해 배우고 싶다면 고통에 관한 훌륭한 찬송을 배우고 부르라.

"지금 당신의 모든 슬픔을 고하라"(Commit Now All Your Griefs)는 익숙한 찬송은 아닐 것이다. 이 찬송의 가사는 매우 강렬하다. "내 하나님의 뜻은 항상 옳도다"(Whate'er My God Ordains Is Right)는 당신이 어려움을 겪을 때 도움을 줄만한 위대한 찬송이다. "환난이 닥쳐올지라도 주께서 돌보시리라"(Though Troubles Assail Us, the Lord Will Provide)는 묵상해 볼만한 위대한 찬송가이다. "내 평생에 가는 길"(It Is Well with My Soul), "잠잠하라 내 영혼아"(Be Still, My Soul) 그리고 완전히 다른 양식의 "십자가 군병 되어서"(Am I a Soldier of the Cross?)도 마찬가지이다. 도움이 될 만한 최근의 찬양으로는 키쓰(Keith)와 크리스틴 게티(Kristyn Getty)가 만든 "시험이 올 때"(When Trials Come)가 있다.

고통에 관한 위대한 찬송가를 배우고 부르라. 예를 들면, 자리에 앉아서 게오르그 노이마르크(Georg Neumark)가 만든 "너 하나님께 이끌리어"(If Thou but Suffer God to Guide Thee)를 불러 보라. 그러면 이 가사가 얼마나 고통받는 영혼들에게 유익한지 알 수 있을 것이다. 그리고 가사를 음미하다가 이 찬송가의 작사가가 "평탄한 삶"을 산 사람이 아니라는 사실을 알고 위로를 받게 될 것이다. 그는 고통에 대해 말할 때 고통 그 이상을 이해하고 있었다.

노이마르크는 학생 시절에 독일의 마그데부르크(Magdeburg) 근처에서 강도를 당했다. 그리고 빈털터리가 되어 생계를 이어갈 희망조차 잃어버렸다. 게다가 폭행으로 부상을 당해 돈을 벌 수조차 없었다. 그의 인생은 한순간 완전히 달라졌다. 그는 아마 남은 인생을 원망하며 살 수도 있었을 것이다. 하지만 그는 그렇게 하지 않았다. 주님은 그에게 큰 은혜를 베푸셔서 지치고 힘든 수많은 영혼을 위해 치유의 노래를 만드는 사람이 되게 하셨다.

지금까지 든 예는 주님이 고통의 때에 노래하라고 교회에 주신 노래의 일부에 불과하다. 당신은 고통의 위대한 찬송을 묵상하는 동안 당신이 고군분투하고 있는 상황이 여러 세대 동안 다른 성도들도 겪어온 것이라는 사실을 알게 될 것이다.

## 8 고통에서 최대의 유익을 얻기로 결심하라

이제 약간 다른 질문을 할 필요가 있다. 하나님의 은혜를 통해 고통에서 최대한의 유익을 얻으려면 어떤 마음을 가져야 할까? 우리는 주님 앞에 자신을 낮추어야 한다.

> 그러므로 하나님의 능하신 손 아래에서 겸손하라 때가 되면 너희를 높이시리라 너희 염려를 다 주께 맡기라 이는 그가 너희를 돌보심이라 (벧전 5:6-7).

그러면 주님 앞에 자신을 낮추고 주님이 당신을 높여주시기를 기다리는 방법은 무엇일까? 여기 일곱 가지 방법을 소개한다.

### 1. 하나님이 은혜의 역사를 이루시는 데 사용되지 못할 상황은 없다는 것을 확신하라

하나님이 우리에게 은혜의 역사를 행하실 수 없을 만큼 힘든 상황은 없다는 것을 믿음으로 확신하기까지 늘 기도하며 말씀을 읽고 묵상해야 한다. 다음의 격려의 말씀들을 묵상해 보라.

사람이 감당할 시험 밖에는 너희가 당한 것이 없나니 오직 하나님은 미쁘사 너희가 감당하지 못할 시험 당함을 허락하지 아니하시고 시험 당할 즈음에 또한 피할 길을 내사 너희로 능히 감당하게 하시느니라(고전 10:13).

나에게 이르시기를 내 은혜가 네게 족하도다 이는 내 능력이 약한 데서 온전하여짐이라 하신지라 그러므로 도리어 크게 기뻐함으로 나의 여러 약한 것들에 대하여 자랑하리니 이는 그리스도의 능력이 내게 머물게 하려 함이라(고후 12:9).

내게 능력 주시는 자 안에서 내가 모든 것을 할 수 있느니라 그러나 너희가 내 괴로움에 함께 참여하였으니 잘하였도다(빌 4:13-14).

기도하며 말씀을 읽고 묵상하면서 하나님을 신뢰하라. 하나님이 은혜의 역사를 이루실 수 없을 만큼 어쩔 수 없는 상황은 없음을 확신하기까지 말이다.

2. 당신의 고통에 무슨 일이 일어나든지 간에 하나님이 당신의 도움이시라는 사실을 알기까지 기도하며 말씀을 읽고 묵상하라. 하나님을 신뢰하라. 그리고 고통의 전쟁 속에서도 하나님을 의지해야 함을 잊지 마라

미가 6:9은 이렇게 말한다.

> 여호와께서 성읍을 향하여 외쳐 부르시나니 지혜는 주의 이름을 경외함이니라 너희는 매가 예비되었나니 그것을 정하신 이가 누구인지 들을지니라(미 6:9).

다시 말해서 미가는 하나님의 백성이 훈련의 매를 맞을 수도 있지만 매만 보아서는 안되며 그것을 정하신 분을 놓치지 말아야 한다고 말한다. 미가는 이스라엘이 고통의 한 가운데서도 눈을 하나님께 고정하기를 원했다. 그 매가 이교도나 침략자를 통한 매일지라도 궁극적으로 그것을 정하신 분은 하나님이셨기 때문이다. 미가는 이스라엘 백성이 고통과 시련에 너무 많이 치우친 나머지 하나님께 대한 시선을 잃게 될 까봐 두려워 했다.

고통이 어디에서 오든 하나님은 우리의 도움이시다. 따라서 고통의 원인이 무엇이든 (당신의 죄든, 다른 사람의 죄든, 정당한 고통이든, 부당한 고통이든, 자연적인 현상 때문이든, 초자연적인 현상 때문이든) 상관없이 하나님은 당신의 도움이시다.

고통의 전쟁 중에 하나님을 놓치지 마라! 당신의 시선을 그분께 고정시켜라! 폭풍 한 가운데서도 하나님을 향한 시선을 잃지 마라!

3. 하나님의 무한한 광대하심을 확신할 때까지 기도하며 말씀을 읽고 묵상하라. 하나님을 신뢰하라

하나님의 은혜를 통해 고통에서 최대한의 유익을 얻으려면 하나님의 무한한 광대하심을 확신하기까지 기도하며 말씀을 읽고 묵상해야 한다. 그리고 하나님을 신뢰해야 한다.

가끔 우리의 고통이 그 무엇보다도 크게 보일 수 있다. 그래서 우리는 자신의 상황을 하나님보다 더 크게 보려는 유혹에 빠지기 쉽다.

고통이 얼마나 큰 지에 초점을 맞추고 있으면 우리가 직면한 모든 상황보다 하나님이 더 크신 분이라는 사실을 잊기가 쉽다. 따라서 우리는 하나님이 우리의 고통보다 크시다는 사실을 믿고 확신할 수 있을 때까지 기도하며 말씀을 읽고 묵상해야 한다. 이사야 6장은 웃시야 왕의 죽음으로 인한 국가적 위기 상황을 말한다.

> 웃시야 왕이 죽던 해에 내가 본즉 주께서 높이 들린 보좌에 앉으셨는데 그의 옷자락은 성전에 가득하였고 스랍들이 모시고 섰는데 각기 여섯 날개가 있어 그 둘로는 자기의 얼굴을 가리었고 그 둘로는 자기의 발을 가리었고 그 둘로는 날며 서로 불러 이르되 거룩하다 거룩하다 거룩하다 만군의 여호와여 그의 영광이 온 땅에 충만하도다 하더라 이같이 화답하는 자의 소리로 말미암아 문지방의 터가 요동하며 성전에 연기가 충만한지라(사 6:1-4).

이사야에게 나타났던 영광은 세상의 다른 모든 것들을 부끄럽게 만든다. 요한복음 12장에서 사도 요한은 보좌에 앉으신 분이 바로 예수님이라고 말한다.

하나님의 무한한 광대하심을 완전히 확신하기까지는 당신이 겪는 시련이 하나님보다 더 커 보일 것이다. 그러나 당신이 겪는 시련은 하나님의 광대하심에

비할 수 없다. 하나님의 은혜를 통해 고통에서 최대한의 유익을 얻으려면 하나님의 무한한 광대하심을 완전히 확신할 수 있을 때까지 기도하며 말씀을 읽고 묵상해야 한다.

### 4. 하나님의 신비한 섭리를 기억하기로 작정하라

고통을 겪을 때 우리는 언제나 그 이유를 알고 싶어 한다. 하나님도 우리가 고통의 이유와 관련된 질문을 하기 쉽다는 것을 알고 계신다. 그래서 이 질문을 대하여 성경에 기록하시고 보편적인 답을 주셨다. 하지만 모든 질문이 우리가 바라는 충분한 대답을 주는 것은 아니다.

이런 경우 우리를 향한 하나님의 놀라운 섭리를 기억하는 것이 중요하다. 우리는 하나님이 무슨 일을 하시는지 정확히 다 알지 못한다.

바울은 로마서 11:33-36에서 다음과 같이 말한다.

> 깊도다 하나님의 지혜와 지식의 풍성함이여, 그의 판단은 헤아리지 못할 것이며 그의 길은 찾지 못할 것이로다 누가 주의 마음을 알았느냐 누가 그의 모사가 되었느냐 누가 주께 먼저 드려서 갚으심을 받겠느냐 이는 만물이 주에게서 나오고 주로 말미암고 주에게로 돌아감이라 그에게 영광이 세세에 있을지어다 아멘(롬 11:33-36).

바울은 당신이 하나님의 판단을 다 이해할 수 없으며 하나님의 목적을 언제나 알 수 없다는 점을 인정하고 있다. 왜냐고 묻는 당신의 모든 질문에 대답이 항상 있을 수는 없다.

우리는 욥기를 읽고 대답을 들을 수 있지만 욥은 그 대답조차 들을 수 없었다. 욥은 욥기를 읽을 수 없었다! 그에게는 욥기 1-2장과 42장이 없었다. 그는 자신이 당하는 시련과 시험의 배경을 알지 못했다. 그는 또한 마지막 결론도 알 수 없었다. 그가 할 수 있는 것은

"신비로운 방식으로 움직이며 기이한 일을 행하시는" 그리고 "바다 위를 걸으시며 폭풍을 잠재우시는" 하나님을 신뢰하는 것이 전부였다.

하나님의 기이한 섭리를 기억하는 것은 시련의 이유를 찾는 것에서 하나님을 찾는 것으로 우리의 관심을 돌려준다. 우리는 고통의 이유를 아는 것으로 안심하려하나 하나님은 고통 중에 누가 신비로운 방식으로 일하는지를 말씀해 주심으로써 우리를 안심시키신다.

나는 고통에 대한 당신의 모든 질문에 답을 줄 수 없다. 하지만 의심의 구름을 넘어 예수 그리스도로부터 변하지 않고 흔들리지 않는 희망을 찾을 수 있음은 말해줄 수 있다. 우리의 시선을 고통의 이유를 찾는것에서 예배로 돌릴 때 우리는 다음과 같이 말할 수 있다.

"주님, 당신만이 나의 모든 것 되십니다. 나는 당신을 위해 창조되었습니다. 아무것도 나를 예수 그리스도께로부터 끊을 수 없습니다. 고난도, 죽음도, 기근도, 헐벗음도, 위험도, 칼도, 권력도, 권세도, 높음도,

깊음도, 다른 어떤 피조물도 나를 당신께로부터 끊을 수 없습니다!"

5. 당신의 죄성에 대해 생각하라

하나님의 은혜를 통해 고통에서 최대한의 유익을 얻으려면 우리는 우리가 가진 죄성에 대해 깊이 생각해 보아야 한다.

이사야가 만군의 여호와이신 그분의 나타나심을 보며 다음과 같이 반응했다는 사실은 우리에게 많은 것을 시사해준다.

> 그 때에 내가 말하되 화로다 나여 망하게 되었도다 나는 입술이 부정한 사람이요 나는 입술이 부정한 백성 중에 거주하면서 만군의 여호와이신 왕을 뵈었음이로다 하였더라(사 6:5).

이사야는 하나님의 위엄 앞에서 자신의 죄를 깨닫게 되었다. 사탄이 우리의 죄를 부정적으로 이용하는 것을 막으려면 우리의 죄를 인식하는 것이 매우 중요하다.

우리는 스스로 유발시킨 문제들을 갖고 있을 수 있다. 때로는 우리 자신이 고통의 원인이 된다. 또한 우리는 자신이 유발하지 않은 고통에 대해서 악한 태도로 반응함으로써 고통을 더 심하게 만들기도 한다. 어찌 됐든 우리의 죄는 고통과 관련이 있다. 고통을 겪을 때 우리는 우리의 책임 소재를 분명히 깨닫는 것이 중요하다.

몇 년 전 목회자 컨퍼런스에서 두 명의 노련한 사역자들이 이런 질문을 받았다.

"성도들로부터 비판을 받을 때 어떻게 하십니까?"

사역자들은 낙심하지 말고 전진해 나가며 주님을 의지해 자신이 옳다는 것을 입증하라고 대답했다. 그러나 세 번째 목사는 이 질문에 다음과 같이 대답했다.

"글쎄요 당신이 비판을 받고 있다면 그 비판이 옳을지도 모른다는 생각을 해봐야 하지 않을까요?"

이 대답이야말로 현명한 충고가 아닐 수 없다.

가끔은 우리의 개인적인 죄가 우리를 고통스럽게 만든다. 또 어떤 때는 우리의 죄가 우리의 잘못에서 시작되지 않은 고통을 악화시키기도 한다. 따라서 고통 가운데 있을 때 우리의 죄에 대해 생각해 보는 것이 필요하다.

### 6. 당신의 고통에는 필요성도, 목적도 존재한다는 사실을 기억하라

사도 베드로는 다음과 같이 말한다.

> 그러므로 너희가 이제 여러 가지 시험으로 말미암아 잠깐 근심하게 되지 않을 수 없으나 오히려 크게 기뻐하는도다 너희 믿음의 확실함은 불로

> 연단하여도 없어질 금보다 더 귀하여 예수 그리
> 스도께서 나타나실 때에 칭찬과 영광과 존귀를
> 얻게 할 것이니라(벧전 1:6-7).

베드로는 성도가 겪는 시험의 결과가 예수 그리스도가 다시 오실 때에 드러날 것이라고 말하고 있다. 당신의 고통은 하나님의 은혜를 통해 금보다 귀하고 영원토록 지속되는 무언가를 만들어낼 것이다. 당신의 고통에는 필요성도, 목적도 존재한다는 사실을 마음에 새기라.

### 7. 당신을 향한 하나님의 은혜의 섭리를 믿으라

하나님은 요한계시록에 다음과 같이 말씀하신다.

> 무릇 내가 사랑하는 자를 책망하여 징계하노니
> 그러므로 네가 열심을 내라 회개하라(계 3:19).

히브리서에도 이와 같은 말씀이 있다.

또 아들들에게 권하는 것 같이 너희에게 권면하신 말씀도 잊었도다 일렀으되 내 아들아 주의 징계하심을 경히 여기지 말며 그에게 꾸지람을 받을 때에 낙심하지 말라 주께서 그 사랑하시는 자를 징계하시고 그가 받아들이시는 아들마다 채찍질하심이라 하였으니 너희가 참음은 징계를 받기 위함이라 하나님이 아들과 같이 너희를 대우하시나니 어찌 아버지가 징계하지 않는 아들이 있으리요 징계는 다 받는 것이거늘 너희에게 없으면 사생자요 친아들이 아니니라 또 우리 육신의 아버지가 우리를 징계하여도 공경하였거든 하물며 모든 영의 아버지께 더욱 복종하며 살려 하지 않겠느냐 그들은 잠시 자기의 뜻대로 우리를 징계하였거니와 오직 하나님은 우리의 유익을 위하여 그의 거룩하심에 참여하게 하시느니라

> 무릇 징계가 당신에는 즐거워 보이지 않고 슬퍼 보이나 후에 그로 말미암아 연단 받은 자들은 의와 평강의 열매를 맺느니라(히 12:5-11).

고통 중에서도 당신을 향한 하나님의 은혜의 섭리를 믿으라. 하나님의 목적은 당신에게 선을 이루는 것이며 그분의 사랑을 보여주는 것이다. 고통을 겪을 때 하나님이 당신을 그분의 아들과 딸로 부르셨다는 사실을 기억하라.

FOR FURTHER REFLECTION
## 더 생각해 보기

1. 어찌 됐든 고통은 타락한 세상을 살아가는 삶의 결과이다. 갈라디아서 5:17과 로마서 7:14-25은 고통의 원인을 이해하는 데 도움이 될 것이다. 이 말씀에서 바울이 말하고 있는 바는 무엇인가?

2. 하나님은 우리가 마음을 낮추고, 그분의 가르침을 배우며, 순종할 때 고통을 통해 수많은 영적 유익이 생기도록 하신다. 성경은 우리의 고통과 괴로움을 통해 하나님이 우리 안에 이루시는 역사에 대해 무엇을 말하고 있는가? (빌 3:10; 히 12:5-6, 10-11).

3. 어려운 상황에서도 하나님을 신뢰하기 위해서는 하나님의 힘을 믿고 의지해야 한다. 성경에는 세상, 인간, 사탄을 다스리시는 하나님의 힘에 대한 증거가 많이 나와 있다. 이에 대한 증거를 몇 가지 살펴보라.

   1) 로마서 1:4; 에베소서 1:19-20
   2) 로마서 8:11; 에베소서 2:5-6; 골로새서 2:13
   3) 고린도전서 15:24-27
   4) 베드로후서 3:13; 요한계시록 21:5

4. 하나님의 힘은 우리를 변화시켜 우리가 당당하게 고통을 마주할 수 있게 한다. 이런 하나님의 힘은 어떤 힘인가?
   (막 10:42-45; 요 10:17-18; 13:1; 빌 2:5).

Does Grace Grow
Best in Winter?

## chapter 4
# 예수님의 고통에 대해 어떻게 생각할 것인가?

예수님도 고통을 당하셔야 했는가? 죄가 없으신 하나님의 아들 예수님은 왜 극심한 인간의 고통을 겪으셔야 했는가?

이 질문은 사실 매우 어려운 질문이다. 그래서 성경은 창세기에서부터 요한계시록에 이르기까지 이것과 관련된 증언으로 가득하다.

이런 생각을 해본 적이 있는가? 하나님이 창세기에서부터 이미 예수님의 고통에 대해 말씀하기 시작하셨다는 생각 말이다.

성경은 예수님이 태어나시기 1,500년 전부터 예수님의 고통에 대해 기록하고 있다. 선지자 이사야는 예수님이 태어나시기 600년 전에 이미 예수님의 삶과 고통에 대해 가장 아름답고 정교하게 묘사를 했다. 마찬가지로 신약성경의 복음서와 편지들도 예수 그리스도의 고통 그리고 고통에 대한 예수님의 반응을 상세히 전하고 있다. 그리스도인으로서 더 나아가 우리는 예수님의 고통에 대해 분명히 살펴보고 우리의 고통에 대해서도 정확히 알아야 한다. 바로 이것이 우리가 지금부터 하려는 일이다.

## 1 성경은 처음부터 예수님의 고통에 대해 말하고 있다

성경이 예수님에 대해 전하는 첫 번째 분명한 메시지는 그분이 사탄을 이기셨다는 점이다. 하나님은 창세기에서 예수님에 대해 사탄에게 이렇게 말씀하신다.

**여자의 후손은 네 머리를 상하게 할 것이요**(창 3:15).

이것은 사탄에게 치명타를 의미한다. 하나님이 예수님, 즉 다가올 메시아에 대해 처음으로 언급하시는 것은 예수님이 승리하실 것이며 사탄과 사탄의 모든 역사는 결국 파괴될 것이라는 사실이다.

하나님이 예수님에 대해 그 다음으로 언급하시는 내용이 무엇인가? 그것은 바로 예수님이 고통을 당하시게 되리라는 점이다. 예수님은 예수님이 상하게 할 바로 그 존재에 의해 고통을 당하시게 될 것이다. 즉 뱀을 이기는 바로 그 순간 뱀의 이빨 때문에 다치게 될 것이다. 뱀이 그분의 발꿈치를 상하게 할 것이다. 예수님이 궁극적으로 승리하실 것이지만 여기서 핵심은 뱀이 그분을 다치게 한다는 점이다. 하나님이 성경에서 예수님에 대해 처음으로 언급하시는 것은 예수님의 승리이지만 그 다음 말씀은 바로 그분의 고통이다.

## 왜 예수님은 "간고를 많이 겪었으며 질고를 아는 자"라고 불리시는가? 2

이사야 53장은 이렇게 말한다.

> 우리가 전한 것을 누가 믿었느냐 여호와의 팔이 누구에게 나타났느냐 그는 주 앞에서 자라나기를 연한 순 같고 마른 땅에서 나온 뿌리 같아서 고운 모양도 없고 풍채도 없은즉 우리가 보기에 흠모할 만한 아름다운 것이 없도다 그는 멸시를 받아 사람들에게 버림 받았으며 간고를 많이 겪었으며 질고를 아는 자라 마치 사람들이 그에게서 얼굴을 가리는 것 같이 멸시를 당하였고 우리도 그를 귀히 여기지 아니하였도다 그는 실로 우리의 질고를 지고 우리의 슬픔을 당하였거늘 우리는 생각하기를 그는 징벌을 받아 하나님께 맞으며 고난을 당한다 하였노라

그가 찔림은 우리의 허물 때문이요 그가 상함은 우리의 죄악 때문이라 그가 징계를 받으므로 우리는 평화를 누리고 그가 채찍에 맞으므로 우리는 나음을 받았도다 우리는 다 양 같아서 그릇 행하여 각기 제 길로 갔거늘 여호와께서는 우리 모두의 죄악을 그에게 담당시키셨도다 그가 곤욕을 당하여 괴로울 때에도 그의 입을 열지 아니하였음이여 마치 도수장으로 끌려 가는 어린 양과 털 깎는 자 앞에서 잠잠한 양 같이 그의 입을 열지 아니하였도다 그는 곤욕과 심문을 당하고 끌려 갔으나 그 세대 중에 누가 생각하기를 그가 살아 있는 자들의 땅에서 끊어짐은 마땅히 형벌 받을 내 백성의 허물 때문이라 하였으리요 그는 강포를 행하지 아니하였고 그의 입에 거짓이 없었으나 그의 무덤이 악인들과 함께 있었으며 그가 죽은 후에 부자와 함께 있었도다 여호와께서 그에게 상함을 받게 하시기를 원하사 질고를 당하게 하셨은즉 그의 영혼을 속건제물로 드리기에 이르면 그가 씨를 보게 되며 그의 날은 길 것이요 또 그의 손으로 여호와께서 기뻐하시는 뜻을 성취하리로다 그가 자기 영혼의 수고한 것을 보고 만족하게 여길 것이라 나의 의로운 종이 자기 지식으로 많은 사람을 의롭게 하며 또 그들의 죄악을 친히 담당하리로다 그러므로 내가 그에게 존귀한 자와 함께 몫을 받게 하며 강한 자와 함께 탈취한 것을 나누게 하리니 이는 그가 자기 영혼을 버려 사망에 이르게 하며 범죄자 중 하나로 헤아림을 받았음이니라 그러나 그가 많은 사람의 죄를 담당하며 범죄자를 위하여 기도하였느니라(사 53:1-12).

당신은 이렇게 반응하고 싶은 유혹이 들 것이다.

"이것이 예수님에 대한 말씀임을 어떻게 알 수 있나요? 어디에도 그분의 이름이 언급되지 않았는데요."

사도행전 8장은 이런 질문에 대한 대답을 준다. 사도행전을 보면 수레에 앉아 위의 말씀을 읽고 있던 에티오피아 왕실 관리인 내시가 나온다. 그는 우연히 빌립을 만나게 된다.

> 그 내시가 빌립에게 말하되 청컨대 내가 묻노니 선지자가 이 말한 것이 누구를 가리킴이냐 자기를 가리킴이냐 타인을 가리킴이냐 빌립이 입을 열어 이 글에서 시작하여 예수를 가르쳐 복음을 전하니(행 8:34-35).

에티오피아 내시가 이사야 본문을 읽을 때 헷갈려 한 것은 당연하다. 그리스도인조차 이사야가 묘사한 주의 종의 모습에 놀라곤 하기 때문이다. 그것은 하나님의 아들이자, 죄인을 구원하기 위해 세상에 보내심을 받은 자에게서 기대되던 모습은 아니었다. 최근에 나는 "우리 주님의 감정적인 삶"(The Emotional Life of

Our Lord)이라는 글을 다시 읽게 되었다. 내가 처음으로 이 글을 읽은 것은 아마 20년 혹은 25년 전일 것이다. 이 글을 쓴 사람은 저명한 신학자이자 프린스턴신학교(Princeton Theological Seminary)의 교수인 벤자민 워필드(Benjamin. B. Warfield)이다.

그는 성경의 영감, 권위, 무결점을 열렬히 주장했으며 그리스도의 신성과 기독교의 기본 교리도 철저히 변호했다. 그가 쓴 60쪽짜리 글에는 예수 그리스도가 이 세상을 살아가시는 동안 겪으셨을 감정 상태에 대한 (신약의) 가르침이 담겨져 있다. 워필드는 충분한 자료 조사 후에 다음과 같이 말했다.

> 우리는 사람들과 어울리는 자리에서 흥에 겨워하고 즐거운 감정을 느끼곤 한다. 하지만 예수님이 이런 감정을 느끼셨다는 말은 들어보지 못한 것 같다. 예수님이 웃으셨다는 말씀은 한 번도 기록되어 있지 않다. 그가 미소 지으셨다는 기록

조차 없다. 그가 기뻐하셨다는 말씀은 딱 한 번 나오는데 이것조차 격한 기쁨이 아닌 차분한 만족감 정도였다(요 11:15). 게다가 우리는 예수님의 슬픈 감정에 대해서도 거의 들어볼 수 없다. 굳이 찾아보자면 다음과 같다. 나사로의 무덤 앞에 통곡하고 있던 마리아와 일행들을 보신 예수님은 심령에 비통함을 느끼시고 눈물을 흘리셨다(요 11:35). 예루살렘 백성들의 완고한 불신을 보시고 우셨다(눅 19:41). 인간이 고통받는 광경을 보시고 탄식하셨다(막 7:34). 그리고 인간의 완악한 불신에 깊이 탄식하셨다(막 8:12). 인간에 대한 인간의 매정함 때문에 예수님의 마음은 고통스러우셨다(막 3:5). 하지만 이처럼 그분의 정신적 고통이 강조된 것은 오로지 그분이 치르신 최고의 희생과 관련해서일 뿐이다.*

---

\* Benjamin B. Warfield, "The Emotional Life of Our Lord", *The Person and Work of Christ* (Philadelphia: Presbyterian and Reformed, 1968), 126-27.

내가 이 글을 함께 나누는 이유는 예수님의 우울하고 암울한 모습을 그리려는 것이 아니다. 결국 예수님이 자신의 죽음을 앞두시고 제자들에게 말씀하신 바는 무엇인가?

> 내가 이것을 너희에게 이름은 내 기쁨이 너희 안에 있어 너희 기쁨을 충만하게 하려 함이라 (요 15:11).

하지만 그럼에도 불구하고 예수님은 "간고를 많이 겪었으며 질고를 아는 자"(사 53:3)이셨다.

## 3 간고를 많이 겪으신 자로서 예수님은 측은히 여기실 줄 아셨다

예수님이 "간고를 많이 겪었으며 질고를 아는 자"(사 53:3)시라는 사실이 우리에게 말해주는 바는 무엇인가? 이것은 예수님이 타락한 세상에서 우리가 견디고 겪어야 하는 모든 고통을 동정하실 수 있음을 의미한다. 이것은 정확히 성경이 우리에게 말하고 있는 내용이기도 하다.

> 그러므로 그가 범사에 형제들과 같이 되심이 마땅하도다 이는 하나님의 일에 자비하고 신실한 대제사장이 되어 백성의 죄를 속량하려 하심이라 그가 시험을 받아 고난을 당하셨은즉 시험 받는 자들을 능히 도우실 수 있느니라(히 2:17-18).

> 그러므로 우리에게 큰 대제사장이 계시니 승천하신 이 곧 하나님의 아들 예수시라 우리가 믿는 도리를 굳게 잡을지어다 우리에게 있는 대제사장은 우리의 연약함을 동정하지 못하실 이가 아니요 모든 일에 우리와 똑같이 시험을 받으신 이로되 죄는 없으시니라 그러므로 우리는

긍휼하심을 받고 때를 따라 돕는 은혜를 얻기 위
하여 은혜의 보좌 앞에 담대히 나아갈 것이니라
(히 4:14-16).

이 세상에는 예수님께 직접 나아가는 것이 두려워
서 자신을 대신해서 그렇게 해줄 사람을 찾는 사람들
이 있다. 하지만 결국 그 누가 전능하시고 죄 없으신 하
나님의 아들께 나아갈 수 있겠는가?

우리가 반드시 알아야 할 것이 있다. 그것은 바로
히브리서의 저자가 예수님이 그 누구보다도 높은 최고
의 대제사장이심을 말했다는 사실이다. 세상의 대제
사장은 자기 자신의 죄를 위해 희생을 드려야 했지만
예수님은 그렇게 하실 필요가 없으셨다. 예수님은 흠
이 없으신 분이시기 때문이다.

## 예수님은 죄 많은 세상의 대제사장보다 4 당신을 더 동정하실 수 있다

당신이 시련, 유혹, 고통 속에 있을 때 죄를 지으신 적이 없는 예수님이 다른 죄인들 보다 더 당신을 측은히 여기실 수 있다. 이것은 놀랍지 않은가?

워필드의 글, "우리 주님의 감정적인 삶"을 보면 복음서가 가장 강조하는 예수님의 감정 상태는 바로 동정심이다. 예수님은 가시는 곳 어디에서나 동정심을 느끼셨다.

히브리서 4:14-16을 보라. 동정심이야말로 우리가 예수님께 기대해야 할 것이 아니겠는가? 사실 복음은 우리에게 정확히 예수님의 동정심에 대해 말해 주고 있다. 예수님의 사촌인 세례 요한이 호색꾼이었던 늙은 왕과 부도덕한 젊은 여자에 의해 목이 베인 직후 예수님은 굶주린 무리를 돌보고 계셨다. 사람들은 예수님의 삶에 무슨 일이 일어나고 있는지 몰랐지만 예수님은 그들을 보시고 "불쌍히 여기셨다"(막 6:34). 죄인들은 자기중심적이 되는 경향이 있지만 어떤 악도, 죄도 없으신 예수님은 얼마든지 죄인들을 향한 동정심을 가지실 수 있었다. 예수님은 산에 올라가 예루살렘을 내려다보시며 이렇게 말씀하셨다.

> 예루살렘아 예루살렘아 선지자들을 죽이고 네게 파송된 자들을 돌로 치는 자여 암탉이 제 새끼를 날개 아래에 모음 같이 내가 너희의 자녀를 모으려 한 일이 몇 번이냐 그러나 너희가 원하지 아니하였도다(눅 13:34).

예수님은 죄인들을 불쌍히 여기셨다!

요한복음 11장에서 마리아와 마르다가 나사로의 죽음에 슬퍼하고 있을 때 예수님은 불쌍히 여기사 눈물을 흘리셨다.

예수께서 눈물을 흘리시더라(요 11:35).

복음서는 반복적으로 예수님의 동정심을 강조하고 있다. 예수님의 고통에 대해 말하자면 예수님의 고통은 세상이 이제껏 보지 못했던 동정심을 보여주는 것이었다.

히브리서 4:14-16이 우리에게 말해주는 바는 놀랍다. 이 본문은 예수님의 능력을 강조하면서도 동시에 그분의 동정심을 강조한다. 예수님의 능력과 그분의 동정심이 함께 있는 것은 어울리지 않아 보인다.

하지만 하나님의 아들이신 예수님은 우리를 측은히 여겨 주신다. 당신이 고통을 겪을 때 당신의 어머니와 아버지, 남편이나 아내, 아들이나 딸, 가장 친한 친구보다 더 당신을 동정해줄 사람이 있을까? 아마 당신과 똑같은 고통을 겪고 있는 사람이라면 당신을 동정해 줄 수 있을 것이다. 그렇다면 이 모든 사람들을 합친 것보다 더 많이 당신을 동정해 줄 사람은 누구일까?

그분은 바로 모든 것의 상속자이시다. 세상을 만드신 분이시다. 하나님의 영광의 빛이시다. 능력의 말씀으로 모든 것을 다스리시는 분이시다. 멜기세덱의 반차를 따라 승천하신 대제사장이시다. 죄 없이 온전하시되 거룩한 천사보다 온전하신 분이시다. 하나님의 아들이심에도 불구하고 고통을 겪으신 분이시다. 예수님은 세상의 그 누구보다도 당신을 더 많이, 더 잘 동정하실 수 있는 분이시다.

아마도 그래서 히브리서의 저자는 예수님의 동정심을 표현할 때 부정문을 사용했는지도 모른다. 저자는 단순히 예수님이 당신을 동정해 주실 수 있다고 말하지 않는다. 히브리서 저자는 예수님이 당신을 동정하지 못할 분이 아니라고 말한다. 우리는 예수님이 우리를 동정하실 수 없다고 생각하기 쉽다. 그래서 히브리서의 저자가 더더욱 이런 표현을 썼을지도 모른다.

## 우리에게는 우리의 문제를 이해해 주는 중재자가 있다

5

히브리서의 저자는 우리의 구원자가 받는 유혹과 고통의 범위가 전우주적이라고 말한다. 우리에게는 "모든 일에 우리와 똑같이 시험을 받으신 이"(히 4:15)가 계신 것이다.

이 말씀은 수많은 질문에 대한 대답이 될 수 있다. 어떻게 예수님이 우리를 동정해 주실 수 있겠는가? 어떻게 거룩하고 완벽하신 분이 나처럼 가난하고, 비참하며, 모순적인 죄인을 동정해 주실 수 있겠는가? 영광스럽고 순종적인 대제사장이신 그리스도께서 어떻게 당신과 나의 약함을 동정해 주실 수 있겠는가? 그분이 어떻게 내가 겪는 죄와의 분투를 아시겠는가? 그분이 어떻게 내가 유혹과 시련과 고통 속에서 느끼는 감정을 아시겠는가? 그분이 어떻게 이런 것들을 알고 계시겠는가?

그 대답은 바로 예수님은 모든 일에 우리와 똑같이 시험을 받으신 분이라는 것이다. 그렇다고 그리스도께서 성도들이 부딪히는 모든 구체적인 고통을 겪으셨다는 뜻은 아니다.

예를 들면, 그리스도는 아이를 낳아본 적이 없으시다. 나도 이 특별한 고통에 대해서는 말로만 들었을 뿐이다. 그럼에도 불구하고 그분은 실제로 당신보다 광범위한 시련과 시험, 유혹과 고통을 겪으셨다. 예수님은 당신이 겪어온 모든 개별 상황에서 똑같이 시험을 받으신 것은 아니지만 그분의 겪으신 고통의 경험은 사실상 당신이 겪은 고통의 경험보다 훨씬 크다.

그분의 경험과 우리의 경험 사이에 수많은 공통점이 있을 수 있겠지만 히브리서가 강조하는 것은 그분이 고통 중에 인내해야 했던 시험이다.

> 그가 시험을 받아 고난을 당하셨은즉 시험 받는 자들을 능히 도우실 수 있느니라(히 2:18).

히브리서 5:8은 다음과 같이 말한다.

> 그가 아들이시면서도 받으신 고난으로 순종함을 배워서(히 5:8).

이 말씀을 통해 알 수 있듯이 예수님의 순종은 쉬운 순종이 아니었다. 그는 순종과 시험을 위해 큰 대가를 치르셔야 했다.

잠시 그분의 고통이 갖는 세 가지 면모에 대해 생각해 보겠다. 그분은 우리와 함께 고통받으셨고, 우리 없이 홀로 고통받으셨으며, 우리를 위해 고통받으셨다.

### 1. 그분은 우리와 함께 고통받으셨다

첫째, 예수님은 당신과 나와 함께 고통받으셨다. 당신이 지금 어떤 고통을 겪고 있든지 예수님은 그곳에 함께 계신다. 우리는 예수님의 시험이나 우리의 시험이나 비슷할 거라고 생각할 수 있다. 하지만 둘 사이에는 사실 공유될 수 없는 부분이 훨씬 많다. 예를 들면, 당신은 발을 따뜻하게 할 수 없는 시절을 떠올릴 수 있는가? 예수님은 춥다는 것이 무슨 뜻인지 알고 계셨다. 당신은 정말로 굶주려 본 적이 있는가? 나는 그랬던 적이 없다. 하지만 예수님은 굶주림과 목마름을 알고 계셨다.

당신은 수치스럽고 우울한 상황 가운데 집을 잃어본 적이 있는가? 예수님은 집을 가져본 적도 없으시다. 예수님은 제자들에게 그분의 머리를 둘 곳이 없다고 말씀하셨다.

당신은 도대체 어디로 가야할지 알 수 없어 영혼 깊은 곳에서 괴로움을 느끼며 어찌할 바를 몰랐던 적이 있는가? 마가와 요한은 예수님이 십자가에 못 박히시기 전날 밤 심히 근심하셨음을 말한다. 그분의 근심과 슬픔은 죽음의 지경에 이르는 것이었다.

당신은 두려워한 적이 있는가? 아니면 너무 슬퍼서

다시는 웃지 못 할 거라고 생각한 적이 있는가? 예수님은 두려움과 슬픔을 분명하게 알고 계셨다.

당신은 죽음을 두려워해 본 적이 있는가? 예수님은 세상이 생겨날 때 이미 마시기로 약속되었던 하나님의 진노의 잔을 두려워하셨다. 당신은 그분의 시험이 극한에 이르는 것을 볼 수 있을 것이다. 예수님은 구유에서 우리를 위한 고통의 사역을 시작하셨으며 그분의 고통은 겟세마네와 골고다에 이르는 사역 기간 내내 지속되었다. 당신은 다음과 같이 말할 수 있어야 한다.

"성경은 예수님 역시 고통을 당하셨음을 보여준다. 예수님은 정말로 내가 이곳에서 겪는 고통이 무엇인지 정확히 이해하신다. 예수님은 내가 지금 느끼는 감정을 똑같이 느끼셨다. 나의 하나님, 나의 구주는 내 피부 속, 내 머리 속, 내 심장 속에 있는 것이 어떤 것인지를 알고 계신다. 그리고 내가 지금 느끼는 감정이 어떤 것인지를 알고 계신다."

예수님은 당신과 함께 고통받으셨다.

## 2. 그분은 우리 없이 홀로 고통받으셨다

둘째, 예수님은 우리 없이 홀로 고통받으셨다. 우리는 예수님이 우리의 특정한 상황을 이해하실 수 없다고 생각하기 쉽다. 우리의 경험과 그분의 경험은 완전히 같을 수 없기에 그분이 정말로 우리를 동정해 주시는 것은 불가능하다고 생각하는 것이다. 하지만 여기 놀라운 소식이 있다. 그것은 바로 당신의 경험과 예수님의 경험이 동일하지 않기 때문에 그분이 우리를 모든 면에서 동정해 주실 수 있다는 점이다. 사실 예수님은 하나님의 은혜로 그리스도인이 절대 경험할 필요가 없게 된 것을 경험하신 분이시다.

당신은 천국에서 영원히 사는 동안 하나님께로부터 완전히 버림받는 것을 경험한 사람은 예수님 외에는 아무도 없음을 발견하게 될 것이다. 단 한 사람 예수님만 빼고 말이다. 그분은 천국에서 하나님 아버지께로부터 버려지고 홀로 남겨지는 것이 어떤 것인지를 아시는 유일한 분이시다. 그분은 활활 타오르는 하나님의 분노의 화산을 내려다보시며 견뎌내는 것이 어떤 것인지를 아는 유일한 분이시다.

당신이 그리스도인이라면 당신은 그것이 어떤 것인지 결코 알 수 없을 것이다. 하나님의 은혜로 당신이 겪지 않게 된 일을 예수님이 겪으셨기 때문이다. 따라서 예수님은 당신을 모든 면에서 동정하실 수 있다.

사실 문제는 그분이 모든 면에서 당신을 동정할 수 있느냐가 아니다. 문제는 당신이 모든 면에서 그분을 동정할 수 있느냐이다. 당신은 절대 그렇게 할 수 없다. 당신은 천국에서 영원히 사는 동안에도 당신의 구주가 당신을 위해 한 일이 어떤 것인지 절대 온전히 알 수 없을 것이다. 그 십자가는 점점 커지고 커질 것이며 영원토록 커질 것이다. 당신은 그분을 점점 더 사랑하게 될 것이다. 그분이 당신을 위해 한 일 속으로 점점 더 깊이 들어가게 되기 때문이다. 그리고 그 깊이는 아무리 내려가도 절대 바닥에 닿을 수 없다. 당신이 그분의 경험까지 들어가는 것은 불가능하기 때문이다. 예수님은 당신과 함께 고통받으셨지만 동시에 당신과 함께 고통받지 않으셨다. 당신은 그곳에 없었다. 오래된 찬송가 "거기 너 있었는가?"(Were you there when they crucified my Lord?)에 대한 대답은 이것이다.

"아니요! 나는 그곳에 없었어요. 그분은 완전히 홀로 계셨어요. 사람들은 모두 그분을 떠났어요. 모두 그분을 버렸어요. 그분은 혼자였어요. 아니요! 나는 나의 주님이 못 박히실 때 그곳에 없었어요. 그분은 내가 없는 곳에서 그 일을 당하셨어요."

### 3. 그분은 우리를 위해 고통받으셨다

셋째, 예수님은 우리를 위해 고통받으셨다. 예수님이 당신과 공감하기 위해 이 세상에 오신 것이 아니라는 점을 알기 바란다. 예를 들면, 당신이 자동차가 갑자기 고장나는 바람에 기름 범벅이 된 손으로 후드를 들어 올리고 있다고 하자. 그때 어떤 사람이 나타나 이렇게 말한다.

"당신 차에 무슨 문제라도 생겼나요? 안됐군요. 차에 문제가 생기다니 정말로 힘들겠군요. 게다가 비도 오네요. 이러다 흠뻑 다 젖겠어요." 그 사람은 우산을 쓰고 당신 옆에 서서 이렇게 말만 하고 있는 것이다.

"참 춥겠어요. 당신의 고통이 느껴지는군요. 정말 그래요. 잠깐, 이러다 약속 시간에 늦겠네. 저는 이만 가봐야겠어요."

예수님이라면 절대 이렇게 하지는 않으실 것이다. 예수님은 당신이 고통을 겪을 때 당신과 공감하기 위해 이 땅에 오신 것이 아니다. 예수님은 당신의 고통을 견디기 위해 오셨다. 무슨 말인지 잘 모르겠다면 이렇게 생각해 보라. 예수님은 당신이 받아야 할 형벌을 대신 감당하기 위해 오셨다.

예수님은 당신 옆에 나타나 당신과 함께 하나님의 분노를 경험한 것이 아니다. 예수님은 당신을 등 뒤로

숨기고 이렇게 말씀하셨다.

"아버지, 제가 그들을 위해 이를 감당하겠습니다."

당신은 예수님이 당신을 위해 어떤 고통을 견디셨는지 알 수 없다. 예수님은 당신이 겪지 않아도 되도록 하나님의 분노를 대신 견디셨기 때문이다.

언젠가 어떤 그리스도인이 다음과 같이 하는 말이 마음에 와 닿은 적이 있다.

"예수님이 우리를 위해 고통을 당하심으로 인하여 우리의 빚은 취소된 것이 아니라 청산된 것입니다."

하나님 아버지는 십자가에 달리신 예수님을 내려다보며 이렇게 말씀하지 않으셨다.

"그래, 됐다. 나는 그들이 나에게 진 빚을 잊어버리겠다. 그 빚을 없던 걸로 하겠다. 이제 더 이상 빚은 없다. 나는 그들이 그런 빚을 진 적이 없는 것처럼 생각하겠다. 그것을 그냥 잊어버리겠다."

오히려 예수님은 마지막 피 한 방울까지 다 흘리셔서 그 빚을 갚으셨다. 그리고 이렇게 말씀하셨다.

"아버지, 나는 나의 피로 그들을 샀습니다. 이제 그들은 나에게 속했습니다. 이 세상에서 나의 못 박힌 손에서 그들을 빼앗아 갈 자는 없습니다."

그리스도인이 세상을 떠나 하나님 앞에 설 때 과연 이렇게 말할 수 있을까?

"예수님은 좋은 분이세요. 저는 그분을 사랑합니다. 그분의 가르침은 위대합니다. 그분은 아주 자상하신 분입니다. 그분은 정말로 사람들을 사랑하셨습니다. 하지만 저도 나름대로 훌륭한 삶을 살려고 노력했습니다. 그리고 이제 천국에 들어가고 싶습니다. 저는 예수님이 필요 없어요. 그분은 좋은 분이시고 배울 점도 많은 분이시지만 저 역시 훌륭한 삶을 살려고 노력해 왔습니다. 제 힘으로 천국에 들어갈 수 있겠지요?"

그리스도인은 이렇게 말할 수 없다. 예수님이 마지막 피 한 방울까지 흘리셔서 우리의 죄값을 치르셨다는 것을 알기 때문이다. 그분이 그만큼 고통받으신 것은 우리를 위해서였다.

그리스도인이 세상에서 겪는 고통은 예수 그리스도가 겪으셨던 고통에 비하면 아무것도 아니다. 우리의 고통이 아무리 심하다 해도 예수님이 우리를 위해 당하신 고통만큼 최악의 고통은 아니다. 삶의 가장 큰 어려움을 겪을 때, 가장 심한 고통과 어둠의 시간을 지날 때, 슬픔과 고난이 영혼을 억누르고 주님이 우리의 울음소리를 들을 수 없다고 느껴질 때에도 우리는 예수님이 계시던 고통의 자리에 결코 설 수 없을 것이다.

예수님은 당신 없이 그곳에 홀로 계셨다. 바로 당신을 위해서 당신 대신에 그곳에 홀로 계셨다. 당신은 그분이 계셨던 곳에 절대 설 수 없다. 그리고 그분이 견디셨던 것을 절대로 이해할 수 없다.

예수님은 당신과 함께 고통을 겪으셨을 뿐만 아니라 당신을 대신해서 고통과 시련을 견디셨다. 그래서 히브리서의 저자는 예수님이 우리를 동정하실 수 있으며 우리를 동정하시는 위대한 대제사장이라고 말하는 것이다.

## 이를 통해 6
## 우리는 무엇을 배워야 하는가?

우리는 예수님의 고통을 바라보고 가르침을 받아야 한다.

> 이를 위하여 너희가 부르심을 받았으니 그리스도도 너희를 위하여 고난을 받으사 너희에게 본을 끼쳐 그 자취를 따라오게 하려 하셨느니라 (벧전 2:21).

그리고 우리의 고통을 통해서도 배울 점이 있다.

> 그리스도께서 이미 육체의 고난을 받으셨으니 너희도 같은 마음으로 갑옷을 삼으라 이는 육체의 고난을 받은 자는 죄를 그쳤음이니 그 후로는 다시 사람의 정욕을 따르지 않고 하나님의 뜻을

따라 육체의 남은 때를 살게 하려 함이라 너희가 음란과 정욕과 술취함과 방탕과 향락과 무법한 우상 숭배를 하여 이방인의 뜻을 따라 행한 것은 지나간 때로 족하도다(벧전 4:1-3).

나중에 베드로는 이렇게 말한다.

모든 은혜의 하나님 곧 그리스도 안에서 너희를 부르사 자기의 영원한 영광에 들어가게 하신 이가 잠깐 고난을 당한 너희를 친히 온전하게 하시며 굳건하게 하시며 강하게 하시며 터를 견고하게 하시리라(벧전 5:10-11).

예수 그리스도의 고통을 통해 배울 점은 수없이 많이 있지만 여기서는 특별히 네 가지에 초점을 맞추어 살펴보겠다.

## 1. 고통을 통해 죄에 대해 생각하라

위에서 살펴본 대로 우리는 우리의 고통을 통해 다시 죄에 대해 생각하는 법을 배워야 한다. 예수 그리스도의 죽음에서 알 수 있듯이 하나님이 우리를 고통 가운데 두신 목적 중의 하나는 우리가 죄를 싫어하도록 변화되는 데 있다.

최근 나는 한 여성과 이야기를 나눌 기회가 있었다. 그녀는 다운증후군 아이가 있는 가족을 처음으로 본 순간을 기억하고 있었다. 그녀는 그 아이가 보도에서 넘어지는 광경을 보며 이런 생각을 했다고 한다.

"이 아이는 인간의 성장 가능성에 도달할 수 없으며 다른 성인들처럼 스스로를 돌볼 수 없을 것이다. 가족들은 이 아이를 돌보는 삶에 지쳐 있을지도 모른다."

그녀의 마음은 이 아이가 겪어왔을 어려움과 앞으로 견뎌야 할 시련을 생각하며 슬픔에 잠겼다. 그 아이의 부모는 매일 이런 생각을 하며 살아야 했을 것이다.

"내가 세상을 떠나면 이 아이는 어떻게 될까?"

이 가족의 시련은 그들의 죄와는 상관이 없다. 그럼에도 그들의 고통은 죄가 이 세상에 들어왔다는 사실을 반영한다. 하나님은 우리가 이 세상의 고통을 살펴보고, 죄에 대해 생각하며, 고통을 싫어하듯 죄를 싫어하기를 원하신다. 당신은 고통을 싫어하게 만드는 경험을 통해 고통을 싫어하게 되듯이 죄를 싫어하게 되었는가? 아직은 그렇지 못할 수도 있다.

나도 죄보다 고통을 훨씬 더 싫어한다. 하지만 하나님이 죄를 싫어하시듯 죄를 싫어하는 법을 배우고 싶다. 고통과 불행을 통해 죄를 떠올리게 된다면 죄를 싫어하는 법을 배우는 데까지 성장할 수 있을 것이다.

2. 고통을 통해 예수님에 대해 생각하라

우리는 우리의 고통을 통해 예수님을 떠올려야 한다. 그래서 다음과 같이 말할 수 있어야 한다.

"주님, 이 고통은 그동안 제가 견뎌온 어떤 고통보다도 심합니다. 하지만 예수님의 고통은 이보다 훨씬 더 심하셨겠지요."

자신의 고통에서 예수님의 고통으로 생각을 돌려보라. 그러면 그분의 고통을 더욱 귀하게 여기게 될 것이다. 그리고 자신의 고통에 대해 이렇게 말할 수 있을 것이다.

"아버지, 저는 이 상황에서 한 걸음 더 내딛는 것이 너무나도 힘듭니다. 그런데 십자가를 향해 가고 있음을 이미 알고 계셨던 예수님의 삶은 어떠셨을까요? 예수님은 저를 위해 기꺼이 그렇게 해주셨습니다. 저는 지금 이 순간이 너무 힘들기에 지금껏 그런 생각을 하지 못했습니다."

우리는 고통을 겪으면서 예수님의 고통을 더욱 귀하게 여기고 자신의 고통을 더 큰 관점에서 보게 된다.

나는 우리가 겪는 고통이 하찮은 것이 되게 하고 싶지 않다. 우리가 겪는 고통은 너무나도 이겨내기 힘든 것이기에 고통에 대해 "그렇게 나쁘진 않군"이라고 말하는 것은 고통을 다루는 적절한 방식이 아니다. 고통을 다루는 방식이 절대로 고통을 우습게 보는 것이어서는 안된다. 고통을 다루는 방식은 오히려 예수님의 고통의 깊이를 깨닫는 것이어야 한다. 우리는 거울을 보며 이렇게 말할 수 있다.

"이 고통은 끔찍하다. 하지만 예수님의 고통은 더 끔찍했다."

이런 태도의 변화는 자연스럽게 우리를 예배의 자리로 이끌 것이다.

3. 고통을 통해 예수님의 몸에 대해 생각하라

사도 바울은 예수님의 고통이 그리스도의 몸, 즉 교회와 가정과 예수님의 사람들을 세우기 위함이라고 말해 준다. 우리가 예수 그리스도를 믿는 성도라면 우리의 고통은 아픔과 괴로움과 시련으로 가득한 타락한 세상을 함께 살아가고 있는 우리의 가족들을 성장시키는데 사용된다. 이들과는 장차 영원한 행복을 함께 나누게 될 것이다. 어떤 면에서 우리의 고통은 그리스도 안에 있는 형제자매들의 구원과 성장을 위한 것이라고 할 수 있다. 하나님은 그분의 고통을 낭비하지 않으신다. 이는 하나님이 고통을 통해 당신을 성장시키신다는 뜻이다. 그리고 하나님은 당신의 고통을 다른 자녀들에게 낭비할 생각도 없으시다. 하나님은 교회가 그 구성원들의 고통을 통해 성장하도록 만드신다.

선교사들의 전기를 읽으며 복음을 위한 희생에 대해 생각하게 된다면 당신은 그들을 통해 변화될 것이다. 당신이 다른 사람들의 희생과 대가를 통해 그리스도에게 인도되었다면 더욱 그럴 것이다. 하나님은 종종 그분의 사람들을 보내어 죽음에 이르게 하신다. 그리고 그들의 희생으로 생명의 열매를 맺으신다. 하나님은 우리의 연약함 속에 역사하시는 그분의 힘을 우리 자신과 교회에 보여주신다.

### 4. 고통을 통해 고통의 목적에 대해 생각하라

우리는 고통을 통해 고통의 목표와 목적을 생각해 보아야 한다. 우리가 이야기해 온 모든 것들이 적용되겠지만 나는 특별히 워필드가 예수님에 대해 말했던 내용으로 다시 돌아가고자 한다. 복음서에서 가장 뚜렷하게 나타난 예수님의 감정이 무엇인가? 바로 동정심이다.

간고를 많이 겪으셨으며 질고를 아시는 분이신 예수님이 동정심의 사람이었다면 우리의 고통이 우리 안에 무엇을 만들어야 하겠는가? 바로 동정심이다! 예수님이 그분의 고통을 통해 동정심을 보여주셨다면 우리의 고통도 이 목적을 이루어야 한다.

하나님을 사랑하는 것, 그리스도를 존귀히 여기는 것, 복음을 믿는 것, 거룩함을 좇는 그리스도인이 되는 것도 중요하지만 우리의 목표는 무엇보다 동정심이 있는 그리스도인이 되는 것이어야 한다. 우리는 그동안 고통의 골짜기를 통과해 왔다. 그렇다면 우리도 그리스도가 사신 것처럼 살고, 그리스도가 용서하신 것처럼 용서하며, 그리스도가 돌보신 것처럼 남을 돌보는 사람이 되어야 하지 않겠는가? 사랑이 많고, 용서할 줄 알며, 남을 돌보는 사람이 되어야 하지 않겠는가?

동정심이 있는 사람이 되게 하는 것은 고통의 주된 목적 중의 하나이다. 기쁠 때나 고통스러울 때나 우리 모든 삶의 궁극적인 목적은 하나님을 영화롭게 하는 것이다. 우리가 이렇게 할 수 있는 것은 고통의 한가운데서 하나님께 더 가까이 나아가게 되기 때문이다. 예수님의 동정심이 우리의 동정심이 되면 우리도 연약한 다른 사람들을 측은히 여기게 된다. 그들은 우리의 고통 속에서 그리고 우리의 고통을 통해서 우리 안에 있는 그리스도의 영광을 보게 될 것이다.

그리스도의 은혜는 겨울에 가장 잘 자란다.

## FOR FURTHER REFLECTION
### 더 생각해 보기

1. 사람들이 행복과 자아실현을 위해 종교에 심취한 시대에 사도들이 어떻게 복음전도의 핵심을 그리스도와 그분의 고통에 집중시켰는지 주목해서 보라(행 2:23; 3:18; 17:3; 26:22-23). 그리스도의 고통에 대해 설명하는 것이 왜 필요하며 이를 통해 우리는 무엇을 배울 수 있는가?

2. 왜 그리스도가 고통을 받으셔야 했는가?

3. 당신이 당하는 고통과 비슷한 방식으로 그리스도가 받으신 고통은 무엇인가?

4. 당신이 결코 감당할 수 없는 방식으로 그리스도가 받으신 고통은 무엇인가?

5. 당신은 스스로의 죄의 결과로 생긴 고통에 어떻게 반응하는가?

6. 다른 사람의 죄의 결과로 발생한 고통에는 어떻게 반응하는가?

7. 위의 두 질문의 상황에서 당신을 도우실 수 있는 그리스도의 고통에 대해 당신이 깨닫게 된 바는 무엇인가?

# Does Grace Grow Best in Winter?

**겨울에 가장 잘 자라는 은혜** : 고통 속에서 은혜를 누리다
*Does Grace grow best in Winter?*

2013년 12월 26일 초판 발행
**지은이** | 리곤 던컨 · 니콜라스 리드
**옮긴이** | 권혜아

**편 집** | 박상민, 이학영
**디자인** | 박희경, 전혜영
**펴낸곳** | 개혁주의신학사
**등 록** | 제21-173호(1990. 7. 2)
**주 소** | 서울시 서초구 방배로 68
**전 화** | 02) 588-8546(본사)  031) 942-8761(영업부)
**팩 스** | 02) 523-0131(본사)  031) 942-8763(영업부)
**홈페이지** | www.clcbook.com
**이메일** | prpkor@gmail.com
**온라인** | 기업은행 073-000308-04-020
　　　　　예금주: 개혁주의신학사

ISBN 978-89-7138-037-6(03230)

낙장·파본은 교환해 드립니다.

이 도서의 국립중앙도서관 출판시 도서목록(CIP)은
서지정보유통지원시스템 홈페이지(http://seoji.nl.go.kr)와
국가자료공동목록시스(http://www.nl.go.kr/kolisnet)에서
이용하실 수 있습니다.
(CIP제어번호: CIP2013025774)